专业化背景下
教师继续教育实践研究

孙 潇 著

湘潭大学出版社
XIANGTAN UNIVERSITY PRESS

前　言

在知识经济时代，教育的重要性日益凸显，而教师作为教育事业的核心力量，其专业素养的提升对于提高教育质量、推动教育改革具有至关重要的意义。随着社会的发展和教育的进步，对教师的要求也越来越高，教师继续教育成为促进教师专业发展的重要途径。在专业化背景下，深入研究教师继续教育实践，具有重要的现实意义。

本书首先从专业化背景下教师继续教育的相关概念入手，分析了专业化背景下教师继续教育的需求；其次论述了专业化背景下教师继续教育的模式与路径、实施与管理；最后探讨了专业化背景下教师继续教育的案例。希望通过本书的介绍，为读者在专业化背景下教师继续教育实践研究方面提供帮助。

本书在撰写过程中参考了大量文献资料，借鉴和吸收了众多学者的研究成果，在此对他们深表谢意。

由于笔者水平有限，因此不可避免存在不足和疏漏之处，敬请各位读者批评指正，笔者不胜感激。

孙　潇

2025 年 2 月

目　录

第一章　专业化背景下教师继续教育概述

第一节　教师专业化发展与继续教育概述

一、教师专业化发展的内涵与特征

（一）教师专业化发展的内涵

教师专业化发展是指教师在其职业生涯中不断提升自身专业知识、技能和态度的过程。这一过程不仅包括对学科知识的深入理解，还涵盖教学法、教育心理学以及教育管理等多方面的学习与实践。教师通过不断地学习和反思，在教育教学的各个环节中提升自己的专业素养，从而更好地适应教育环境的变化和学生发展的需求。教师专业化发展的内涵强调个体的自主性和持续性，要求教师在职业生涯中不断更新知识结构，提升教育教学能力，以应对教育创新和社会发展的挑战。

教师专业化发展涉及教师在专业领域内的成长与进步，其核心理念包括终身学习、反思实践以及合作共进。终身学习是教师专业化发展的基础，要求教师不断更新自身的知识和技能，以适应快速变化的教育环境。反思实践则是教师在教学过程中通过自我反思和评价，识别自身教学中的优势与不足，以实现自我改进。合作共进强调教师之间的合作与交流，通过分享经验和资源，促进集体智慧的提升。这些核心理念为教师专业化发展提供了方向和动力，使教师能够在专业道路上不断前行。

教师专业化发展对教育质量的提高具有显著影响。通过专业化发展，教师能够掌握更为先进的教学方法和策略，提高课堂教学的有效性和学生的学习效果。同时，教师的专业化发展有助于营造积极的课堂氛围，增强学生的学习兴趣和动力。此外，教师在专业化发展过程中提升的教育研究能力，有助于推动教育理论与实践相结合，促进教育改革的深入开展。因此，教师专业化发展不仅是教师个人成长的需要，也是提高教育质量和促进学生全面发展的重要途径。

(二)教师专业化发展的特征

教师专业化发展是一个复杂而多维的过程,其特征在于其多样性、适应性、持续性和协作性。

1.多样性

教师专业化发展的多样性体现在不同学科和教育阶段的教师需要具备不同的专业技能和知识。例如,数学教师需要掌握数学逻辑思维和问题解决技能,而语文教师则需要具备深厚的文学素养和语言表达能力。此外,不同教育阶段的教师,如小学、初中和高中教师,其专业发展需求也各不相同。小学教师可能更关注于基础知识的传授和学生学习兴趣的培养,而高中教师则需要深入的学科知识和指导学生独立学习的能力。这种多样性要求教师在专业化发展过程中能够根据自身的教学环境和学生特点进行个性化的专业提升。

2.适应性

随着教育政策的不断变化和教育技术的快速发展,教师需要具备灵活调整的能力,以适应新的教育环境和要求。这种适应性不仅要求教师能够快速掌握新的教学工具和技术,还需要他们能够理解和运用新的教育理论和政策,以便在教学实践中进行有效的应用。例如,随着信息技术在教育中的广泛应用,教师需要掌握在线教学平台的使用,并能够设计出适合在线环境的教学活动。此外,教育政策的变化,如课程标准的更新和教育评价方式的改革,也要求教师能够迅速调整自己的教学策略,以满足新的教育目标和标准。

3.持续性

教师专业化发展的持续性强调了教师在其职业生涯中需要不断更新知识和技能以保持专业水平。教育是一个动态发展的领域,教师的知识和技能如果不及时更新,就很难应对教育环境的变化和学生需求的转变。因此,教师需要通过各种形式的继续教育,如参加专业培训、进修课程和学术研讨会等,不断提升自己的专业能力。此外,教师还可以通过自我反思和同行交流等方式,持续改进自己的教学实践,以实现专业成长的目标。持续的专业发展不仅有助于提高教师的教学质量,也有助于提升其职业满意度和成就感。

4. 协作性

教师之间，以及教师与其他教育工作者之间的合作与交流，对教师的专业成长具有重要意义。通过与同行的合作，教师可以分享教学经验，交流教学策略，互相学习和借鉴。此外，跨学科的协作也可以帮助教师拓宽视野，丰富教学内容，提高教学效果。例如，语文教师和历史教师可以合作设计跨学科的教学项目，以帮助学生更好地理解历史事件中的文化背景和文学作品中的历史情境。这样的协作不仅有助于提高学生的学习效果，也有助于教师自身的专业成长。协作性的发展还体现在教师与教育研究者、教育管理者之间的互动中，这种互动可以帮助教师更好地理解教育政策和研究成果，并将其应用于教学实践。

二、继续教育在教师专业化发展中的角色

（一）促进专业技能提升

继续教育为教师提供了获取最新教育理论与实践的机会，使教师能够在动态的教育环境中保持竞争力。通过继续教育，教师不仅能够更新已有的知识体系，还可以拓展其专业知识的广度和深度。教育理论的不断发展要求教师具备持续学习的能力，以便更好地理解和应用这些理论于教学实践中。

继续教育帮助教师学习并掌握新兴的教学技术和工具。这对提高课堂教学效率至关重要。在现代教育中，技术的快速发展对教学方法提出了新的要求，教师需要不断适应这种变化。继续教育课程通常涵盖最新的教学技术，如数字化教学工具、在线教学平台等，使教师能够更有效地组织和管理课堂活动。这种技术能力的提升，不仅增强了教师的教学效果，也提高了学生的学习体验。

继续教育促进教师在特定学科领域的深度专业化。教师通过参与继续教育课程，能够深入研究某一学科的前沿知识和方法，不仅提升了学科教学能力，也增强了专业素养。在特定学科领域的深度学习，使教师能够更准确地把握学科的核心要素，并将其有效地传递给学生，有助于教师在教育领域中建立专业权威。

继续教育为教师提供了交流与合作的平台，不仅促进了教师间的经验分享，也推动了教师的专业成长。通过参与各种继续教育活动，教师能够与同行分享教学经验，探讨教育问题，形成良好的学习共同体。这种合作与交流，不仅拓宽了教师的视野，也激发了他们的创新思维，从而推动了教师整体的专业化发展。

(二)支持职业生涯发展

教师在其职业生涯的不同阶段面临多样化的挑战和机遇,而继续教育为他们提供了必要的支持和指导。通过继续教育,教师能够更清晰地规划职业发展路径,明确自身的职业目标。这种规划不仅有助于教师在职业生涯中设定合理的阶段性目标,还能帮助他们在快速变化的教育环境中保持竞争力。

继续教育为教师提供了获得更高职业资格认证的途径。随着教育行业对教师专业能力要求的不断提高,教师需要通过继续教育来提升自己的专业水平和教学技能。获得高级职业资格认证不仅能够增强教师的专业自信心,还能提高他们在教育行业中的认可度和竞争力。这种提升不仅体现在薪资待遇和职业地位上,更重要的是能够赋予教师更大的职业成就感和满足感。

继续教育促进了教师的跨学科能力发展。这种能力的拓展使教师不再局限于单一学科的教学,而是能够在多个学科领域中灵活运用自己的知识和技能。跨学科能力的提升不仅拓宽了教师的职业选择和发展空间,还使他们能够更好地应对教育教学中的复杂问题和挑战。通过继续教育,教师可以学习新的教学方法、技术和理念,从而在教育实践中不断创新和改进。

继续教育为教师提供了职业转型的机会。在教育行业快速发展的背景下,教师需要不断适应新的教育趋势。继续教育为教师提供了一个平台,使他们能够及时更新自己的知识和技能,以适应教育行业的新变化和新需求。通过继续教育,教师可以探索新的职业方向,尝试不同的教育角色,从而在职业生涯中实现更大的发展和突破。

三、教师专业化发展与继续教育的关系

(一)教师专业化发展是继续教育的目标导向

教师专业化发展为继续教育提供了明确的方向与目标,使继续教育的内容和形式更加贴合教师的实际需求。在教师专业化发展的过程中,明确的方向和目标至关重要,不仅为教师个人的发展指明了道路,也为继续教育的设计和实施提供了依据。通过对教师专业化需求的深入分析,继续教育能够更有针对性地制定课程和活动,确保其能够有效地提升教师的专业能力和素养。

在参与继续教育的过程中,教师不仅是知识的接受者,也是知识的生产者。

他们可以通过分享自己的教学经验和实践成果，为继续教育项目的改进提供宝贵的反馈。这种反馈机制使继续教育能够更好地满足教师的实际需求，并不断更新和完善课程内容，从而推动教师专业化发展的进一步深化。

当教师在专业化发展过程中取得显著成果时，这些成果也为继续教育的改进提供了宝贵的经验和反馈。通过对教师发展成功案例的分析，继续教育机构可以不断优化其课程内容和教学方法，确保其能够更好地满足教师的成长需求。同时，这种良性循环促进了教育理论与实践的融合，推动了继续教育的创新性发展。

（二）继续教育是教师专业化发展的重要途径

教师专业化发展依赖继续教育提供的最新知识与技能，这一过程确保了教师能够适应教育领域的快速变化。在现代教育背景下，知识的更新速度极快，教师需要通过继续教育不断学习和掌握最新的教学理论与教学方法，以应对新的教育挑战。继续教育不仅是教师更新知识的途径，也是他们提升教学能力和专业素养的重要保障。

继续教育的实施效果直接影响教师的专业化发展水平。优质的继续教育项目能够有效提升教师的教学能力与专业素养，从而促进他们的专业化发展。在继续教育中，教师不仅可以获得新的知识和技能，还可以通过参与各种研讨和实践活动，提高他们的教学实践能力。这些活动使教师能够更好地理解学生的需求，设计出更有效的教学策略，并在实际教学中应用所学知识，从而提高教学质量和效果。

教师之间的合作与交流在继续教育过程中增强了专业化发展的效果，形成了教师共同成长的支持网络。在继续教育中，教师通过合作学习和交流分享经验，能够相互启发，共同解决教学中的实际问题。这种合作学习不仅增强了教师的专业能力，还促进了他们之间的情感联系，形成了一种支持性的专业社群。这种社群不仅为教师提供了一个持续学习和成长的平台，还在教师的专业化发展过程中起到了重要的支持和推动作用。

四、教师专业化发展对继续教育的要求

（一）课程内容的专业化

课程内容的专业化不仅强调课程内容的深度与广度，还要求与教师所教授学

科的最新发展动态紧密结合。这种结合确保教师能够掌握前沿知识，保持教学内容的时效性和创新性。随着学科知识的不断更新，教师需要通过继续教育不断充实自己的知识储备，以应对教育教学中的新挑战和新要求。在此背景下，课程内容的专业化不仅是教师个人发展的需要，也是教育质量提高的关键。

课程内容应紧密结合教师所教授学科的最新发展动态，确保教师能够掌握前沿知识。这一要求不仅涉及学科知识的更新，还包括对教学方法的革新。掌握最新的学科动态可以帮助教师在教学中融入新的研究成果和实践案例，增强课程的吸引力和实用性。同时，通过继续教育，教师可以了解国际教育的最新趋势和方法，与国内外同行进行学术交流，提高自身的教学水平和专业素养。

课程内容应涵盖多样化的教学方法与策略，帮助教师适应不同学生群体的需求。教师在面对不同背景、能力和兴趣的学生时，需要具备灵活运用多种教学策略的能力。继续教育课程应提供丰富的教学案例和策略，帮助教师有效应对课堂中的多样性挑战。这不仅涉及对传统教学方法的改进，还包括对新兴教学技术的掌握和应用，以实现因材施教，提高教学效果。

课程设计应考虑教师的职业发展阶段，为其提供分层次的学习内容，以满足不同经验水平教师的需求。教师在不同职业发展阶段，其学习需求和关注点各不相同。初入职场的教师可能需要更多的基础教学技能培训，而有经验的教师则可能关注于教学创新和科研能力的提升。继续教育课程应根据教师的职业发展阶段，提供相应的学习内容和支持，帮助教师在职业生涯中不断成长和进步。

（二）教学方法的创新性

随着教育理念的不断更新，传统的教学方式已无法满足现代教育的需求。创新的教学方法不仅需要教师具备扎实的专业知识，还要求他们能够灵活运用多种教学策略，以适应不同的教学环境和学生需求。在这种背景下，教师继续教育必须强调教学方法的创新，以确保教师能够有效地引导学生的学习过程，促进其全面发展。

教学方法应注重以学生为中心，鼓励学生主动参与学习过程，提升他们的自主学习能力和批判性思维。这种以学生为中心的教学方法，要求教师在课堂上扮演引导者和促进者的角色，而不是单纯的知识传授者。通过设计多样化的教学活动，教师可以激发学生的学习兴趣，培养其独立思考和解决问题的能力。这种教学方法的转变，不仅提升了学生的学习效果，也促进了教师自身的专业成长。

采用项目式学习，鼓励教师设计真实世界的问题解决项目，以增强学生的实践能力和团队合作精神。项目式学习是一种强调实践和应用的教学模式，通过参与实际项目，学生可以在实践中应用所学知识，提升综合能力。教师在设计项目时，应充分考虑学生的兴趣和能力水平，确保项目的挑战性和可行性。通过项目式学习，学生不仅可以提高实践能力，还能在团队合作中学习沟通与协作，这对其未来发展具有重要意义。

结合翻转课堂模式，教师在课前提供学习材料，课堂上通过讨论和互动加深理解，提高学习效果。翻转课堂是一种创新的教学模式，通过将传统课堂的知识传授环节移至课前，学生可以在课前自主学习，课堂时间则用于讨论和深入理解。这种模式不仅提高了学生的自主学习能力，还为教师提供了更多的时间进行个性化指导和互动交流。翻转课堂的实施需要教师具备良好的课堂管理能力和丰富的教学资源，以确保课堂活动的有效性。

第二节　相关理论对教师继续教育的指导意义

一、终身学习理论在教师继续教育中的应用

(一)教师终身学习理念的培养

终身学习理念强调教师应持续更新知识，以适应教育领域的快速变化和发展需求。教育领域的知识更新速度快，教师若不主动学习和更新知识，便可能无法有效应对新的教育挑战。因此，终身学习理念成为教师继续教育的核心指导思想，帮助教师在职业生涯中保持活力和竞争力。

通过终身学习，教师能够不断提升自身的专业素养和教学能力，增强教育教学的有效性。教师在教学过程中需要不断适应新的教学工具和方法，而终身学习为其提供了必要的知识储备和技能更新途径。通过持续的学习，教师不仅可以完善自己的教学策略，还能更好地理解和应用教育理论，从而提高教学质量，促进学生的全面发展。

终身学习理念鼓励教师主动探索和实践新教学方法，培养创新思维和解决问题的能力。在教学实践中，教师面临多样化的教学情境和学生需求，这要求教师具备较强的创新能力和解决问题的能力。终身学习为教师提供了一个良好的平台，使其能够在不断地学习和实践中，探索适合自己教学风格的新方法，进而提升

教学效果。

终身学习理念倡导教师积极参与各类继续教育项目，提升职业资格与认证，增强职场竞争力。随着教育行业对教师专业化水平要求的提高，教师需要通过继续教育项目来提升自己的职场竞争力。终身学习理念推动教师主动参与职业资格考试、认证培训等活动，这不仅能提高教师的专业水平，还能为其职业发展提供更多的机会和选择。

（二）终身学习目标的设定

在教师继续教育中，设定终身学习目标可以提高教育质量和促进教师专业发展。明确的学习目标能够帮助教师在继续教育过程中选择合适的课程和资源，确保学习的针对性和有效性。

首先，通过设定清晰的目标，教师可以更好地理解自己在教育领域中的角色和职责，从而在专业成长中保持方向感。这不仅有助于提高教师的教学能力，还能增强他们对教育改革和创新的适应能力，使其在不断变化的教育环境中保持竞争力。

其次，鼓励教师制订个人学习计划，明确学习路径和时间安排，是实现终身学习目标的有效策略。个人学习计划不仅帮助教师规划学习内容，还能增强其自我管理能力。通过自主设定学习路径，教师能够根据自身的兴趣和职业需求选择学习内容，进而提高学习的自主性和积极性。时间安排的合理性也在此过程中显得尤为重要，它不仅能保证学习的持续性，还能帮助教师在日常教学工作中合理分配时间，以实现工作与学习的平衡。

再次，建立评估机制可以确保教师学习目标的达成。定期检视学习目标的达成情况，能够帮助教师及时调整学习策略，以适应新的教育要求。评估机制不仅关注学习结果，还强调学习过程中的反馈和改进。通过对学习目标的评估，教师可以更好地理解自身的学习进展，并在此基础上进行调整和优化。这一机制的建立，有助于教师在继续教育中保持学习的动力和方向。

最后，倡导教师参与跨学科的学习目标设定，能够拓宽其知识面，增强其综合素质和教学能力。跨学科的学习目标设定，不仅丰富了教师的知识结构，还提高了他们的教学创新能力。在多元化的学习环境中，教师能够接触不同领域的知识和方法，从而在教学中融入多样化的视角和策略。这种跨学科的学习方式，有助于培养教师的批判性思维和问题解决能力，使其在教育实践中更具创造力和适应性。

（三）促进教师终身学习的策略

在专业化背景下，教师继续教育的有效性依赖一系列策略与方法的实施，这些策略与方法旨在促进教师的终身学习。

1. 建立学习共同体

通过教师之间的合作与交流，学习共同体能够有效地促进经验分享与共同成长。这种模式不仅增强了教师的专业能力，还为他们提供了一个相互支持的平台，帮助他们在不断变化的教育环境中保持竞争力。学习共同体的建立需要学校和教育机构的支持，以确保其能够持续有效地运作。

2. 利用在线学习平台

通过提供灵活的学习资源和课程，在线学习平台能够满足教师不同的学习需求和时间安排。这种灵活性允许教师在繁忙的工作日程中找到适合自己的学习方式和时间，从而提高学习的效率和效果。在线学习平台不仅提供了丰富的学习资源，还可以通过互动和反馈机制帮助教师更好地掌握学习内容。这种方式的优势在于其广泛的可及性和多样性，使教师能够在全球范围内获取最新的教育理论和实践经验。

3. 学习方式多样化

通过提供工作坊、研讨会和在线课程等多种形式的学习机会，教育机构能够适应不同教师的学习风格和偏好。这种多样化的学习方式不仅提高了教师参与继续教育的积极性，还增强了学习的有效性。不同的学习方式可以相互补充，帮助教师在不同的情境中应用所学知识，从而提高其教学实践的灵活性和创新性。

4. 制订个性化的职业发展计划

个性化的职业发展计划帮助教师明确学习目标和发展路径，从而增强学习的针对性和有效性。这种计划需要考虑教师的个人兴趣、专业背景和职业发展目标，以确保其能够有效地指导教师的学习和发展。通过个性化的职业发展计划，教师能够更清晰地规划自己的职业生涯，并在不断变化的教育环境中保持专业成长的动力和方向。

二、建构主义学习理论对教师继续教育的引导

(一)建构主义学习环境的创设

建构主义强调学习者的主动参与,尤其是在继续教育中,通过实际问题的探讨和解决,增强学习的实用性和相关性。教师在这样的环境中,不再是知识的传授者,而是引导者和促进者,支持学生自主探索和进行知识构建。这种角色的转变要求教师具备更高的专业素养和灵活的教学策略,以适应学习者的个性化需求。

建构主义学习环境强调创建多元化的学习资源和工具,鼓励学生在不同的学习情境中进行知识的应用与整合。这种多样化的资源包括文本、视频、互动软件等,可以帮助学习者从多个角度理解和应用知识。此外,教师应设计真实的学习任务,使学习者能够在解决实际问题的过程中,深化对理论知识的理解和掌握。这种实践导向的学习方式,能够有效提升学习者的批判性思维和问题解决能力。

合作学习氛围的营造是建构主义学习环境中的重要组成部分。在教师继续教育中,通过小组讨论和项目合作,促进学生之间的知识共享与共同成长。合作学习不仅能够增强学习者的团队合作能力,还能通过观点的交流和碰撞,激发创新思维。这种互动式的学习方式,有助于教师在继续教育过程中,培养自身的协作能力和领导力,为未来的教学实践打下坚实的基础。

技术手段的利用是建构主义学习环境创设中的关键环节。通过搭建在线学习平台,教师可以提供灵活的学习空间,使学习者能够随时随地进行知识的获取与交流。在线平台不仅可以支持丰富的学习资源,还可以通过论坛、即时通信等功能,促进学习者之间的互动和交流。这种灵活的学习模式,能够满足教师在职继续教育的时间和空间需求,提高学习的效率。

(二)教师在建构主义继续教育中的角色转变

在传统的教育模式中,教师往往被视为知识的传授者,学生则是被动的知识接受者。然而,建构主义理论强调学习是一个主动构建知识的过程,因此教师在继续教育中需要转变为学习的引导者。这种转变要求教师不仅是提供知识,更要帮助学生自主探索知识,培养他们的批判性思维和问题解决能力。这一角色转变不仅提升了学生的学习效果,也有助于教师自身的专业发展。

为了实现这一转变，教师需要精心设计和组织丰富多样的学习活动。这些活动不仅要激发学生的主动参与和学习兴趣，还应促进他们的深度学习。教师可以通过项目式学习、探究式学习等教学策略，引导学生在真实情境中应用所学知识，解决实际问题。此外，教师在活动设计中应注重学生的个体差异，提供多样化的学习资源和支持，以满足不同学生的学习需求。同时，教师在建构主义继续教育中应采用多样化的评估方式。传统的评估往往侧重于结果，而建构主义强调过程与结果并重。教师需要关注学生的学习过程，通过形成性评估及时反馈学生的学习进展，并根据反馈调整教学策略。这种评估方式不仅能帮助学生更清楚地了解自己的学习状态，也能帮助教师更好地理解学生的学习需求，从而提供更有针对性的指导。

（三）促进教师主动建构知识的教学活动设计

1. 激发教师的内在动力和参与感

在专业化背景下，建构主义学习理论强调学习者在知识建构过程中的主动性。为了促进教师在继续教育中的主动知识建构，教学活动的设计需着重于激发学习者的内在动力和参与感。通过设计以项目为基础的学习活动，教师能够在解决实际问题的过程中开展团队合作。这种合作不仅促进了知识的应用与创新，还增强了教师的协作能力和实践技能。在项目的实施过程中，教师可以围绕共同的问题进行探讨和实验，从而将理论知识转化为实践能力。

2. 创建反思性学习任务

创建反思性学习任务是促进教师深度学习的重要策略。通过要求教师在完成活动后撰写反思日志，他们能够更好地识别自己在学习过程中的收获与不足。这种反思不仅帮助教师巩固所学知识，还为他们提供了一个自我评估与改进的机会。反思日志作为一种个人化的学习工具，能够引导教师在日常教学中不断优化自己的教学策略和方法。

3. 引入角色扮演和模拟教学情境

角色扮演和模拟教学情境的引入能够有效提升教师在真实环境中解决问题的能力。这些活动通过模拟真实的教学环境，让教师在实践中体验不同的教学角色和情境，增强学习的参与感与实用性。教师在模拟过程中，可以尝试不同的教学策略，并即时获得反馈，以便在实际教学中更好地应用这些策略。这种沉浸式的学习体验，有助于教师在复杂多变的教学环境中灵活应对挑战。

4.利用在线协作工具

为了支持教师在虚拟环境中进行知识共享与讨论，利用在线协作工具是必不可少的。这些工具不仅可以打破地域限制，促进跨地域的学习交流与合作，还能够为教师提供一个开放的学习平台。在这个平台上，教师可以分享自己的教学经验和资源，进行深入的学术讨论，从而拓宽视野，提升自身的专业素养。

5.设计多样化的评估任务

设计多样化的评估任务是提升教师学习效果的重要手段。通过自评和互评，教师能够更清晰地认识到自身学习的成果与不足。这种评估方式不仅促进了教师间的相互学习，还增强了他们对学习过程的反思能力。多样化的评估任务能够激发教师的创新思维，让他们在评估中不断挑战自我，追求更高的专业发展目标。

三、反思性实践理论对教师教学能力的提升

(一)培养教师反思意识的方法

反思性实践理论的核心在于通过反思促进教师的专业发展。培养教师的反思意识是提升其教学能力的关键。

1.定期开展反思性工作坊

通过反思性工作坊，教师可以分享彼此的教学经验与反思，形成一个积极的学习共同体。这样的集体学习不仅可以促进教师之间的知识交流，还能激发他们对教学实践的深度思考，进而推动其教学能力的整体提升。

2.引导教师制定个人反思日志

通过记录教学过程中的成功与挑战，教师能够更加清晰地识别自己在教学中的优势和需要改进的领域。这种自我记录和分析的过程，帮助教师在不断的自我反思中改进教学策略，提升教学效果。反思日志还可以作为教师职业发展的档案，记录其成长轨迹，为未来的职业规划提供参考。

3.提供反思性教学模型

提供反思性教学模型,为教师在课程设计中融入反思环节提供了理论支持。反思性教学模型不仅帮助教师在教学设计阶段就考虑反思的重要性,还使他们在实际教学中能够灵活应用反思策略,增强教学效果。通过这样的模型,教师可以在教学中不断检验和调整自己的教学方法,使之更加符合学生的学习需求和教育目标。

4.利用视频录制和回放技术

利用视频录制和回放技术是促进教师自我评估与反思的现代化手段。通过观看自己的课堂教学视频,教师可以客观地观察自己的教学行为,识别其中的问题和不足。这种基于视觉的自我反思方式,能够帮助教师更直观地掌握自己的教学风格和学生的反应,从而在反思中获得更深刻的洞察力。

5.建立同伴观察机制

建立同伴观察机制为教师提供了一个互相观摩和反馈的平台。通过这种机制,教师可以在观摩同事课堂的过程中,学习不同的教学方法和策略,并通过反馈与讨论,促进共同反思。这种同伴间的互动,不仅有助于教师个人的成长,还能促进学校整体教学质量的提高。在这种合作氛围中,教师能够不断挑战自我,追求卓越的教学实践。

(二)反思性实践在教学改进中的应用

通过反思性实践,教师能够更深入地评估和改进其教学策略。这一过程不仅有助于识别课堂中存在的问题,还能促使教师制定切实可行的解决方案。反思性实践强调教师在教学活动后进行深刻的自我反省和分析,从而为教学方法的优化提供有力支持。教师在反思过程中,不仅关注教学内容的传授,更注重学生的反馈和课堂互动的有效性。这种持续的反思与改进过程,为教师的专业发展提供了坚实的基础。

在反思性实践中,教师通过收集和分析学生的反馈,能够更好地了解学生的学习需求与困难。这一过程不仅帮助教师调整教学内容和方法,更能提升学生的学习效果。通过学生反馈,教师可以识别哪些教学策略能够有效促进学生的理解,哪些方面需要进一步改进。反思性实践强调教师要以学生为中心,关注学生的个体差异和学习体验,从而在教学设计中更好地满足学生的多样化需求。这种以学生为导向的教学改进模式,为教师提供了更为清晰的教学方向。

反思性实践鼓励教师建立个人学习社区,通过分享和讨论反思经验,促进集体智慧的形成与应用。在这种学习社区中,教师可以相互交流教学心得,分享成功经验和遇到的挑战。这种集体反思不仅有助于教师个人的专业成长,也能推动整个教育团队的教学质量提高。通过集体智慧的共享,教师能够获得更多的教学灵感和策略,从而在教学实践中不断创新和突破。反思性实践强调团队合作和集体反思的重要性,为教师的专业发展提供了更为广阔的平台。

在反思性实践中,教师可以运用视频回放技术分析自己的课堂表现,识别优缺点,从而提升自身的教学能力。视频回放作为一种有效的反思工具,可以帮助教师客观地审视自己的教学行为和课堂互动。这一过程不仅能帮助教师识别教学过程中的不足之处,还能强化其优秀的教学策略和技巧。通过视频分析,教师能够更清晰地看到自己在课堂管理、教学节奏和学生互动等方面的表现,从而在今后的教学中加以改进和提升。这种基于视频的反思实践,为教师的专业成长提供了强有力的支持。

(三)支持教师反思性实践的机制建立

在教师继续教育中,支持教师反思性实践机制的核心在于为教师提供系统化的反思性教学方法和技巧培训,以全面提升教师的反思能力。通过这样的培训,教师能够更加深入地理解自己的教学行为及其影响,从而在教学实践中作出更有效的调整和改进。这不仅有助于教师个体的专业发展,还能提高整体教学质量,培养出更加适应时代发展的学生。反思性实践的培训机制应注重理论与实践相结合,帮助教师在真实的教学情境中应用所学的反思技巧,实现理论向实践的有效转化。

为了确保反思性实践的有效性,设立明确的评估标准是必不可少的。评估标准的建立帮助教师明确反思的目标与方向,使其能够在自我评估中找准改进的切入点。通过这样的评估,教师可以持续监测自己的反思实践效果,识别出需要改进的领域,并根据反馈进行调整。这种评估机制不仅为教师提供了明确的指导,也为教育管理者提供了监测和支持教师发展的工具,使反思性实践能够在更大范围内推广和应用。

创建教师反思性实践的支持网络是反思机制的重要组成部分。通过这样的网络,教师可以分享各自的经验和反思成果,形成一个共同学习与成长的氛围。

这种互动不仅激发了教师的反思动力，还为教师提供了多元的视角和解决方案，拓展了反思的深度和广度。支持网络的建立需要教育机构的积极推动，通过组织各种形式的经验交流活动，鼓励教师之间的合作与互动。

定期组织反思性实践的研讨会是促进教师对反思内容深入理解与应用的有效途径。通过集体讨论与反馈，教师在互动中深化对反思理论和实践的理解。这样的活动不仅为教师提供了一个分享和学习的平台，也为他们提供了宝贵的反馈机会，促进了反思的深度发展。通过研讨会，教师能够在集体智慧的启发下，进一步提升自己的教学能力和反思水平，从而实现专业发展的新突破。

四、情境学习理论对教师信息素养培养的指导意义

（一）创设真实情境的信息素养培训环境

在现代教育中，信息素养成为教师专业发展的关键因素。创设真实情境的信息素养培训环境可以提升教师信息素养。

1. 创建真实的教学场景

通过创建真实的教学场景，如模拟课堂、实验室或实际工作环境，教师能够在真实情境中进行信息素养相关技能的练习。这种方法不仅使教师能够更好地理解和应用信息技术，还能帮助他们在教学过程中更加自信地使用这些技能。通过模拟真实的教学环境，教师可以在安全的情况下尝试新的教学策略，并在失败中学习，从而不断提高自身的信息素养。

2. 引入项目式学习

项目式学习以真实问题为基础，鼓励教师在解决具体信息处理任务中提升信息素养。项目式学习强调通过实际操作和问题解决来促进学习，这种方法使教师能够在处理复杂的信息任务时，培养批判性思维和问题解决能力。在项目式学习中，教师不仅要掌握信息技术工具的使用，还要学会如何在教学中有效地整合这些工具。通过解决实际问题，教师能够更好地理解信息素养在教学中的应用价值，并将其转化为课堂实践。

3. 设置互动式学习活动

设置互动式学习活动可以增强教师信息素养的实践性和合作性。通过小组

讨论和信息使用经验的分享，教师不仅可以从同伴的经验中学习，还能提高自身的信息处理能力。互动式学习活动鼓励教师在合作中学习，培养团队合作精神和沟通能力。在这种学习环境中，教师可以自由地交流信息使用的心得和技巧，从而在信息素养的学习过程中获得更多的支持和启发。这种合作学习的方式，不仅有助于教师个人能力的提升，也促进了教师群体的共同进步。

4.整合多种信息技术工具

整合多种信息技术工具为教师提供在真实情境中使用不同工具的机会，是提升其信息检索、分析和应用能力的重要手段。在信息技术日新月异的今天，教师需要掌握多种工具的使用，以便在教学中灵活应用。通过在真实情境中使用这些工具，教师可以更好地理解不同工具的特点和适用范围，从而在教学中选择最合适的工具来支持教学目标的实现。这种多样化的工具使用经验，不仅提高了教师的信息素养水平，也增强了他们在教学中创新和变革的能力。

（二）情境学习中的信息素养实践活动设计

1.在情境中有效植入信息素养的元素

通过精心设计的活动，教师能够在真实或模拟的环境中应用信息技术，增强其在信息检索、分析和应用方面的能力。这种方法不仅是知识的传递，更是技能的内化和应用能力的提升。

2.实施小组合作学习活动

在这种活动中，教师被鼓励分享各自的信息检索经验，这种经验共享不仅提高了信息素养的互动性，也增强了其实用性。通过小组合作，教师可以在相互学习中发现新的信息获取方法，进而提高整体的信息素养水平。这种合作学习模式强调了集体智慧的力量，能够让教师在互动中不断反思和改进自己的信息处理方法。

3.运用信息素养工作坊

在信息素养工作坊中，教师通过模拟情境练习使用不同的信息技术工具，这种实践活动能够显著提升教师的信息分析与应用能力。通过模拟真实的教学情境，教师不仅能够了解如何在课堂中应用信息技术，还能通过反复练习提高自身的技术熟练度。这种沉浸式的学习体验能够帮助教师更好地适应信息技术在教育中的应用。

4.开展情境角色扮演活动

通过角色扮演,教师能够在一个安全的环境中尝试不同的解决方案,增强其应对实际问题的能力。这种活动设计的关键在于为教师提供足够真实的情境,以便他们能够将所学的知识应用于实际情况。这种实践不仅提升了教师的信息素养,也增强了他们在面对复杂信息环境时的自信心和适应能力。

(三)基于情境的信息素养评价方式探索

在探索基于情境的信息素养评价方式时,需要强调其在教师继续教育中的重要性。信息素养评价应当突出教师的实际应用能力,通过情景模拟的方式,考察教师在真实教学环境中处理信息的能力。这种方式不仅能够真实反映教师在信息处理方面的能力,也能够为教师提供一个实践的平台,以便在实际操作中提升其信息素养。这种评价方式的设计需要充分考虑教师在不同情境下的实际表现,从而确保评价的准确性和有效性。

评价方式应注重过程性评价,关注教师在情境学习中的参与度和表现。过程性评价能够提供实时反馈,帮助教师了解自身的信息素养提升情况。通过持续的反馈机制,教师可以清晰地看到自己的进步和不足之处,从而进行有针对性地改进。这种评价方式不仅关注最终结果,更重视教师在学习过程中的成长和变化,能够有效促进教师信息素养的持续提升。

基于情境的信息素养评价应结合多元化的评估工具,如自评、同伴评估和教师评估,以确保评价结果的全面性和客观性。多元化评估工具的使用可以从不同的角度对教师的信息素养进行全面分析,避免单一评价方式可能带来的片面性。通过自评,教师可以对自己的信息处理能力进行反思;通过同伴评估,可以获得来自同行的客观反馈;通过教师评估,可以得到专业的指导和建议,从而更全面地了解自身的信息素养水平。

在设计情境学习评价时,需考虑教师的个体差异,提供个性化的评价标准,以适应不同教师的信息素养发展需求。教师在信息素养方面的基础和发展需求各不相同,因此评价标准的设计应具有灵活性和包容性。个性化的评价标准能够更好地激发教师的学习动力,使其在信息素养的提升过程中获得更多的成就感和满足感,从而促进其继续学习的积极性。

第三节 专业化背景下教师继续教育的重要价值

一、适应社会需求变化与教育发展的必然选择

(一)社会需求变化对教师素质的新要求

社会对教师的期望不断提高,要求教师具备更高的专业知识和教学能力,以满足学生多样化的学习需求。现代社会的快速发展和全球化趋势使教育成为培养创新人才和推动社会进步的重要途径。教师作为教育的核心力量,其素质直接关系到教育质量的提高。为了适应社会对教育的高标准要求,教师需要不断提升自身的专业知识水平,掌握先进的教学理论和方法,以便更好地指导学生的学习和成长。同时,教师还需具备敏锐的教育洞察力,能够及时把握教育发展的动态和趋势,调整教学策略,满足学生在不同发展阶段的需求。

随着技术的发展,教师需要掌握现代教育技术和信息素养,以有效整合数字工具进入课堂教学。信息技术的迅猛发展为教育提供了新的可能性和挑战,教师必须具备较强的信息素养和技术能力,才能在教学中灵活运用各种数字化工具,提高教学效率。通过掌握现代教育技术,教师能够设计出更具互动性和吸引力的课程,促进学生的积极参与和深度学习。此外,教师还需要具备评估和选择数字资源的能力,确保教学内容的科学性和适用性,以实现教育目标的最大化。

教师的角色逐渐从知识传授者转变为学习引导者,强调教师在促进学生自主学习和批判性思维方面的能力。在当前教育改革的背景下,教师不仅是知识的传递者,更是学生学习的引导者和支持者。教师需要引导学生自主探究和思考,培养学生的批判性思维和创新能力,以应对未来社会的复杂挑战。为此,教师需具备良好的沟通能力和指导能力,能够营造一个开放的学习环境,激发学生的好奇心和求知欲,帮助学生构建个性化的知识体系。

教师需具备持续学习的意识和能力,以适应快速变化的教育需求和社会期望,实现终身专业发展。在信息爆炸和知识更新加速的时代,教师只有不断学习和更新自己的知识储备,才能跟上时代发展的步伐,满足教育的不断变化的需求。终身学习不仅是教师专业发展的需要,也是教师自我提升和实现职业成就的重要途径。通过积极参与各种形式的继续教育和专业发展活动,教师能够不断提升自

己的专业素养和教学能力，为学生提供更优质的教育服务。

(二)教育发展趋势下教师继续教育的必要性

教育的发展趋势对教师继续教育提出了新的要求，继续教育成为教师保持竞争力的关键途径。在教育创新发展的背景下，教师需要不断提升自身的专业素养和教学能力，以应对不断变化的教育环境。教师继续教育不仅是提高教师知识水平的手段，更是帮助教师适应教育创新发展的重要策略。通过继续教育，教师能够掌握最新的教育理念和教学方法。

继续教育为教师提供了更新教育理念和教学方法的机会，使他们能够更好地适应新的教育政策和社会需求。教师在继续教育过程中，能够接触前沿的教育理论和实践案例，从而更新自己的教学观念。这种更新不仅能够帮助教师提高教学质量，还能使他们在教育创新发展中发挥更大的作用。教师通过继续教育，可以学习到如何将新的教育政策有效地融入课堂教学，确保教育创新发展的顺利实施。

教师继续教育在促进教育公平方面发挥重要作用。通过提升教师的专业能力，继续教育能够确保所有学生，无论其背景如何，都能获得高质量的教育。教育公平是现代教育发展的重要目标，教师的专业能力直接影响这一目标的实现。通过继续教育，教师能够获得更多的教学资源和方法，帮助他们更好地满足不同学生的学习需求，从而缩小教育差距，实现教育公平。

继续教育为教师提供了跨学科的学习平台，提升了教师的综合素质和适应多元化教学环境的能力。在现代教育中，教师不仅需要掌握学科知识，还需要具备跨学科的思维能力。继续教育课程通常涵盖多个学科领域，教师可以通过这些课程拓宽自己的知识面，增强跨学科的教学能力。这种能力对于应对多元化的教学环境非常重要，因为它能够帮助教师更好地理解和满足学生的多样化需求。

二、增强教师职业认同感和满意度的有效手段

(一)提升教师专业素养与职业自信

在专业化背景下，通过系统化的培训，教师能够不断更新和深化其专业知识，适应不断变化的教育环境和教学需求。这种培训不仅涉及学科知识的拓展，还包括教学方法和教育技术的应用，使教师能够在面对复杂的教学情境时更加从容不

迫。教师通过继续教育获得的知识和技能,不仅提升了其在课堂上的表现,也增强了其应对教学挑战的信心。

定期参与继续教育活动能够有效增强教师的自信心,使其在课堂教学中更加积极主动。这种自信心的增强不仅体现在教学效果的提升上,还在于教师能够更好地激发学生的学习兴趣和参与度。继续教育为教师提供了一个反思与成长的平台,使其在不断地学习与实践中,逐步形成自己的教学风格和策略。这种自我效能感的提升,使教师在教学过程中更加坚定和自如,从而实现更高的教学目标。

继续教育为教师提供了将理论知识应用于实际教学的机会,增强了其专业能力与创造力。通过参与各种实践活动,教师能够将所学的理论知识转化为实际教学策略,增强教学的实效性和创新性。这种实践经验的积累,使教师能够在教学中灵活应用不同的方法和技术,满足学生多样化的学习需求。同时,教师在继续教育中获得的实践经验,也为其职业发展提供了坚实的基础。

通过参与继续教育,教师能够建立专业网络,分享经验与资源,增强职业归属感与合作意识。在继续教育过程中,教师有机会与来自不同背景和领域的同行进行交流与合作,这种跨学科、跨地域的互动,为教师提供了丰富的视角和资源。通过分享教学经验和教育资源,教师不仅能够获得新的教学灵感,也能在合作中提升团队合作能力。这种专业网络的建立,能够增强教师的职业归属感,使其在教育事业中感受更多的支持和力量。

(二)促进教师职业发展与个人成长

继续教育为教师提供了多样化的职业发展路径。教师可以根据个人兴趣和职业目标,选择适合的进修方向,满足其专业发展的需求。这种灵活性不仅有助于教师在教育行业中找到自己的定位,还能激发他们的学习动力和职业热情。通过继续教育,教师能够系统地更新知识结构,提升自身的专业素养,从而在教学实践中更具创新性和前瞻性。

通过参与继续教育,教师有机会获得专业资格认证,这不仅提升了他们在教育行业的职业地位和竞争力,也为他们的职业生涯提供了更多可能性。资格认证不仅是对教师专业能力的认可,更是对其职业成就的肯定。这种外部认可有助于增强教师的职业自信心,使他们在职业发展道路上更加坚定和积极。此外,资格认证也为教师提供了更多的职业选择和晋升机会,进一步增强了他们的职业满意度。

继续教育促进了教师的跨学科能力的提升,使他们能够灵活应对多样化的教学需求和不断变化的教育环境。在现代教育背景下,教师不仅需要具备深厚的专业知识，还需要具备跨学科的综合能力，以适应多元化的教育需求。继续教育通过提供跨学科的学习机会，帮助教师拓宽知识视野，提升综合素养，使他们能够在教学中更加游刃有余地应对各种挑战。

参与继续教育活动的教师能够建立专业学习社区，促进经验分享与合作，增强职业认同感和满意度。通过专业学习社区，教师可以与同行分享教学经验、交流教学心得，形成良好的互动与合作氛围。这种专业交流和合作，不仅有助于教师解决教学中的实际问题，还能增强他们的职业认同感和归属感，使他们在职业发展中更加积极和自信。同时，良好的职业认同感和满意度有助于教师在职业生涯中保持积极的心态和持续的动力。

（三）增强教师对教育事业的热爱与投入

通过提供多样化的学习机会，继续教育能够激发教师的探索精神，促使他们积极参与教育创新。这种多样化的学习不仅包括理论知识的更新，还涵盖实践技能的提升，使教师在教育领域保持活力和创造力。教师在参与这些学习活动时，会接触最新的教育理念和实践方法，这不仅提升了他们的专业能力，还加深了他们对教育事业的认同感与使命感。通过这种方式，教师能够更好地理解教育的价值和意义，从而更加投入地进行教学工作。

继续教育活动为教师提供了一个展示和分享自身教学成果的平台。通过这种平台，教师能够获得同行的认可和反馈，这种积极的互动增强了教师对教育工作的成就感和自豪感。在这个过程中，教师不仅分享了自己的经验，也学习了他人的优秀做法，这种互相学习和借鉴的过程，进一步增强了他们对教育事业的热爱。此外，通过展示自己的教学成果，教师能够看到自己在教育事业中所取得的进步和成就，这种成就感是增强职业认同感的重要因素。

通过继续教育，教师能够与同行建立联系，形成支持网络。这种网络不仅在专业上提供了支持，也在情感上给予了归属感。教师在这种支持网络中，可以分享教学经验，讨论教育难题，甚至在遇到职业困惑时获得同事的鼓励和支持。这种情感上的归属感，使教师在面对教育工作中的挑战时，能够更加坚定和投入。继续教育活动中建立的这种联系，不仅促进了教师之间的合作和交流，也增强了他们对教育事业的投入和热爱。

继续教育课程的实践性和互动性是增强教师参与感的重要因素。在这些课程中，教师不仅是知识的接受者，更是知识的创造者和实践者。通过参与互动性强的课程，教师能够在实践中体会到教育的乐趣和价值。这种参与感使教师在教育过程中不仅是执行者，还是积极的参与者和创新者。通过这种方式，教师能够更深刻地认识到教育的意义，并在教育过程中获得更多的满足感和价值感。这种满足感和价值感能够增强教师对教育事业热爱与投入。

三、提高教育质量与提升学生综合素质的关键作用

（一）教师专业能力提升对教育质量的影响

随着教育创新发展的深入，教师专业能力的提升直接影响课堂教学的有效性，影响学生理解和掌握知识。具备高水平专业能力的教师能够设计出更具吸引力和互动性的课程，增强学生的学习兴趣和参与感。这不仅有助于学生在课堂上的积极参与，还能培养他们的自主学习能力和创新精神。此外，教师的专业能力提升有助于他们更有效地运用教育技术，提高教学质量和提升学生的学习体验。在现代教育背景下，教育技术的应用已成为提高教学效果的重要手段，教师通过熟练掌握这些技术，能够更好地满足学生的个性化学习需求。

具备高水平专业能力的教师不仅能够在教学过程中发挥更大的作用，还能够更好地评估学生的学习需求，提供个性化的教学支持，从而提高学生的综合素质。每个学生的学习背景和需求各不相同，教师通过专业能力的提升，能够在教学过程中更好地识别和回应这些差异，提供适合的学习支持和资源。这种个性化的教学支持不仅提高了学生的学习效果，也促进了学生的全面发展。通过对学生学习需求的准确评估和响应，教师能够帮助学生在学术、社会和情感等多个方面取得进步，提升他们的综合素质。

教师的专业发展不仅体现在教学技能的提升上，还包括教育理念的更新。这种更新使教师能够引导学生培养批判性思维和解决问题的能力，提高整体教育质量。在全球化和信息化的时代背景下，学生不仅需要掌握学科知识，还需要具备批判性思维、创新能力和解决复杂问题的能力。教师通过专业发展，能够在教育实践中融入这些新理念，帮助学生适应未来社会的需求。教师的专业发展因此不仅是个人成长的体现，更是提高教育质量、实现教育目标的重要途径。

（二）教师素质提升对学生全面发展的推动

高素质的教师能够有效增强学生的学习动机，激发学生的学习兴趣。通过创造充满活力和吸引力的课堂环境，教师可以增强学生的学习参与感和主动性。这种积极的学习氛围不仅促进了学生的知识吸收，还激励他们在学术探索中表现出

更大的热情和投入。教师通过继续教育，掌握更先进的教学方法和策略，不仅使课堂教学更加生动有趣，也使学生在学习过程中感受更多的成就感和满足感。

高素质教师能够更好地识别和满足学生的个体需求，提供个性化的教学支持，从而促进学生的全面发展。在教学过程中，教师可以通过观察和交流，深入了解每个学生的兴趣、特长和学习困难。基于这种理解，教师能够设计出适合不同学生的教学方案，确保每个学生都能在其能力范围内得到最大的发展。个性化的教学支持不仅帮助学生克服学习障碍，还能激发他们的潜力，使其在各方面都能得到充分的发展。

教师在继续教育中提升的专业技能和知识能够帮助学生建立更扎实的学科基础，增强其学业成绩与自信心。通过深入学习最新的教育理论和学科知识，教师能够在教学中运用更加科学有效的方法，帮助学生更好地理解和掌握学科内容。这种扎实的学科基础不仅有助于学生在考试中取得优异成绩，更重要的是，它为学生今后的学习和发展奠定了坚实的基础，提高了他们在学术和职业生涯中的竞争力和信心。

教师素质的提升使其能够更有效地运用多样化的教学方法，促进学生的批判性思维和创新能力发展。在教学中，教师通过讨论、项目学习、实验探究等多种教学方法，鼓励学生独立思考和积极探索。这种多样化的教学方法不仅丰富了学生的学习体验，还培养了他们分析问题和解决问题的能力。同时，通过鼓励学生提出自己的观点和创意，教师帮助学生发展创新思维，这对他们在未来社会中的适应和发展具有重要意义。

教师通过继续教育增强的教育理念和教学策略能够帮助学生培养良好的学习习惯和社会适应能力，为其未来发展奠定基础。教师在继续教育过程中，学习到先进的教育理念和教学策略，使其更注重学生的全面发展和终身学习能力的培养。通过引导学生养成良好的学习习惯，如自主学习、时间管理、合作学习等，教师不仅帮助学生在学业上取得成功，也为他们在社会中成为有能力和有责任感的公民做好准备。这种全面的教育理念和策略的应用，不仅提高了教育质量，也为学生的未来发展提供了坚实的保障。

四、构建学习型社会和终身教育体系的基石

(一)教师继续教育在学习型社会中的地位

教师继续教育在学习型社会中占据着举足轻重的地位，成为推动教育进步和

社会发展的重要力量。它不仅是学习型社会的核心组成部分,还发挥着促进教师持续学习与专业发展的关键作用,从而提升教育系统的整体素质。通过专业发展,教师能够更好地理解和应对复杂的教育环境变化,进而提高教学质量,满足学生多样化的学习需求。教师继续教育在提升教育系统素质方面的贡献,已被广泛认可并成为教育政策制定的重要参考。

教师继续教育为学习型社会提供了必要的知识更新机制,使教师能够适应快速变化的教育需求和社会环境。在信息化和全球化的背景下,教育体系面临着前所未有的挑战和机遇。教师通过继续教育,不断更新其专业知识和技能,以应对这些变化。知识更新机制不仅增强了教师的职业竞争力,也为教育的可持续发展提供了坚实的基础。通过这种机制,教师能够及时掌握最新的教育理论和实践方法,进而在教学中应用创新的教育理念。

教师继续教育通过建立学习共同体,促进教师之间的合作与交流,增强学习型社会的协作精神。在学习共同体中,教师可以分享经验、交流教学策略、探讨教育问题,从而共同提升专业能力。这种合作学习模式不仅有助于教师个人的专业成长,也有助于形成良好的教育文化氛围,推动教育整体水平的提升。教师之间的合作与交流,打破了传统教学中的孤立状态,促进了教育资源的共享和传播。

(二)推动终身教育理念的传播与实践

教师作为知识的传递者和教育的引领者,必须在职业生涯中不断更新自身的知识和技能,以适应快速变化的教育环境。终身教育理念的推广不仅是时代发展的要求,更是教师职业发展的内在动力。通过不断学习,教师能够更好地理解和掌握新兴的教育理论和技术手段,从而提高教育教学的质量和效果。终身教育理念强调学习是一个持续的过程,贯穿个人的整个职业生涯,这对于教师而言尤为重要。

推广终身教育理念的必要性在于它能够帮助教师适应不断变化的教育需求。现代教育环境的变化速度之快,对教师的要求也在不断提高。教师不仅需要具备扎实的专业知识,还需要具备跨学科的综合能力和创新能力。通过终身教育,教师可以及时更新和拓展自己的知识体系,提升教学能力和职业竞争力。此外,终身教育还能帮助教师保持职业的活力和激情,避免职业倦怠,提高工作满意度和幸福感。因此,建立终身教育的政策框架,对于确保各级教育机构在教师继续教育中贯彻终身学习的理念至关重要。

鼓励教育机构与社会组织合作,开展多样化的终身教育项目,是实现教师个性化学习需求的重要途径。教育机构可以与企业、非政府组织和社区团体合作,开发和实施符合教师实际需求的培训项目。这些项目可以涵盖不同的学科领域和专业技能，以满足教师在不同职业阶段的学习需求。通过这种合作模式，教师不仅可以获得专业知识的提升，还可以拓宽视野，增强实践能力。此外，合作项目还可以促进教育资源的共享和优化配置，提高教育培训的质量和效率。

提供灵活的在线学习平台，是推动教师继续教育的重要方式。信息技术的发展为教师提供了更加便捷和灵活的学习途径。在线学习平台可以打破时间和空间的限制，使教师能够随时随地参与学习活动。这种学习方式不仅可以提高学习的自主性和灵活性，还可以促进教师之间的交流和合作。通过在线学习，教师可以接触最新的教育理论和实践案例，提升自身的专业水平和教学能力。同时，在线学习平台还可以提供个性化的学习路径和资源推荐，满足教师的不同学习需求。

（三）为终身教育体系提供有力的人才支持

教师继续教育不仅培养了高素质的教育工作者，也确保了教育质量的持续提高。通过系统化的继续教育，教师能够掌握最新的教育理念和教学方法。这不仅为他们自身的专业发展提供了助力，也为终身教育体系注入了新鲜的知识和实践经验，使其能够更好地适应快速变化的教育环境。

教师继续教育的一个重要目标是促进教师的专业发展，使其在教育过程中更具适应性和创新能力。这种专业发展不仅体现在个人的知识更新和技能提升上，更在于教师能够在教育改革和创新中发挥积极作用。通过继续教育，教师能够接触多样化的学习机会，帮助他们不断更新知识，增强在教育体系中的核心竞争力。这样的教育进程不仅提升了教师的个人能力，也为整个教育体系的持续发展奠定了坚实的基础。

教师在继续教育中建立的学习网络和支持社区，极大地促进了终身教育理念的传播与实践。这些网络和社区为教师提供了交流和合作的平台，使他们能够分享经验和资源，形成良好的学习氛围。在这样的环境中，教师不仅能够更好地理解和应用终身教育的理念，还能够将这些理念传递给更广泛的受众，推动整个社会的学习型文化发展。这种良性循环为终身教育体系的构建提供了强有力的支持，使其能够在不断变化的社会需求中保持活力和创新。

第二章　专业化背景下教师继续教育的目标

第一节　教师职业素养提升

一、教师职业道德素养的提升

(一)遵守职业道德规范

遵守职业道德规范不仅是教师的基本职责，也是确保教育质量和学生全面发展的关键。职业道德规范为教师的行为提供了明确的指导方针，帮助教师在复杂的教育环境中作出正确的道德判断。遵守职业规范，教师能够在教育实践中展现出专业性和责任感，从而赢得学生、家长和社会的信任。

教师应具备的基本职业道德理念包括对学生的尊重、对教育事业的热爱以及对自身专业发展的持续追求。这些理念不仅是教师职业的核心价值观念，也是教师在教育过程中应当坚持的基本原则。教师需要在教学中体现出对学生个体差异的尊重，鼓励学生的个性发展和创造力。同时，教师应当热爱教育事业，积极参与教育改革和创新，以适应社会发展的需求。此外，教师还需不断提升自身的专业能力，通过继续教育和自我反思，不断完善自己的职业素养。

教师在课堂管理中应遵循的道德规范是保障良好教学秩序和促进学生发展。在课堂管理中，教师应当保持公正、客观的态度，避免偏袒任何学生，并在处理学生问题时做到公平合理。教师还需建立良好的课堂氛围，鼓励学生积极参与，培养学生的批判性思维和合作能力。由此，教师能够有效地管理课堂，促进学生的全面发展和良好行为习惯的养成。

教师与学生关系中的道德责任是教师职业道德的重要体现。教师在与学生的互动中，应当始终保持尊重和关爱，关注学生的身心健康和成长需求。教师需在教育过程中建立信任关系，成为学生的良师益友，帮助学生克服学习和生活中的困难。此外，教师还需关注学生的心理健康，及时发现并解决学生可能面临的问题，确保学生在安全和关爱的环境中成长。

教师在家校沟通中的职业道德要求体现在与家长建立良好的合作关系，共同促进学生的发展。教师应当积极与家长沟通，及时反馈学生在校表现，并听取家长的意见和建议。通过有效的家校沟通，教师能够更好地了解学生的个性特点和家庭环境，从而提供更有针对性的教育指导。同时，教师在与家长沟通时需保持专业性和客观性，避免泄露学生的隐私信息，维护学生和家庭的合法权益。

（二）增强职业责任感与使命感

增强职业责任感与使命感不仅是教师个人发展的需要，也是教育事业发展的关键。教师职业责任感的增强，体现在对学生全面发展的关注上。教师应积极引导学生的学习兴趣和潜能，关注每个学生的个体差异，因材施教，努力激发学生的学习动力和创造力。这种关注不仅限于学术成绩的提高，更在于培养学生健全的人格和综合素质，使其在未来的社会生活中能够自信、独立地面对各种挑战。

教师需树立终身学习的理念，以持续提升自身的专业知识和教学技能，适应教育发展的需求。终身学习不仅是教师自我提升的手段，更是适应快速变化的教育环境的必要条件。随着教育技术的不断发展和教育理念的更新，教师需要不断学习新的教学方法和工具，以便更好地服务于学生的成长。同时，终身学习帮助教师保持对教育事业的热情和投入，使其能够在职业生涯中不断创新和进步。

在教育过程中，教师应积极发挥榜样作用，激励学生树立正确的价值观和人生观。教师的言行对学生有着潜移默化的影响，因此，教师应以身作则，通过自身的职业道德和行为准则，向学生传递正能量。教师的榜样作用不仅体现在课堂教学中，也应体现在日常生活中，通过实际行动引导学生树立积极向上的人生目标和社会责任感。

（三）塑造良好师德师风

1.倡导教师积极参与职业道德培训

教师应积极参与职业道德培训。这不仅是提升教师道德修养的途径，也是增强其自我反思能力的有效方式。通过培训，教师能够在实践中不断反思和调整自己的行为，从而提升师德水平。自我反思能力的增强，有助于教师在复杂的教育环境中保持清醒的职业道德意识，确保教育行为的合规性和道德性。

2.建立健全的师德评价机制

通过同行评议和学生反馈，教师能够获得多角度的评价信息，这有助于其自我完善。同行评议不仅能够提供专业的反馈意见,还能够促进教师之间的相互学习和借鉴。而学生反馈则直接反映了教师在教育过程中道德行为的效果,这种反馈是教师进行自我调整的重要依据。通过这种双向的评价机制,教师可以更全面地了解自身的职业道德表现,从而进行有针对性的改进。

3. 开展师德专题研讨活动

开展师德专题研讨活动是促进教师之间思想交流的重要方式。通过这些活动,教师可以分享各自在职业道德方面的经验和体会,形成良好的职业道德氛围。这样的交流不仅能够开阔教师的视野,还能帮助他们在思想碰撞中获得新的启示。研讨活动为教师提供了一个相互学习的平台,使他们能够在集体智慧的激励下,提升自己的道德素养和教育水平。通过思想的交流与碰撞,教师能够更深刻地理解职业道德的内涵。

4. 倡导教师参与社会公益活动

倡导教师参与社会公益活动,有助于增强其社会责任感,树立良好的师德形象。公益活动不仅是教师履行社会责任的体现,也是其道德教育的延伸。通过积极参与社会公益,教师能够更好地理解社会需求,并在实践中培养自己的责任感和奉献精神。这种社会责任感不仅体现在对学生的关爱上,也体现在对社会的贡献中。教师通过公益活动所树立的良好形象,不仅提升了个人的职业道德水平,也为整个教育界树立了榜样。

二、教师教育理念的更新

(一)理解新时代教育理念

新时代教育理念要求教师从传统的教学模式中走出来,转向以学生为中心的教育模式。这一理念强调关注学生的个体差异和全面发展,要求教师在教学过程中充分考虑学生的独特性和多样性,帮助每位学生发挥其潜能。通过这种以学生为中心的方法,教师可以有效提升学生的学习能力,使他们在学习过程中更加积极主动,培养学生独立思考和自主学习的能力。

新时代教育理念倡导创新教育,鼓励教师在教学中运用多样化的教学方法和技术手段。通过引入现代科技和教学工具,教师可以激发学生的创造力和实践能力，帮助他们在复杂多变的环境中找到解决问题的方法。创新教育要求教师不断更新自己的知识结构和教学技能，以适应快速变化的教育环境和学生需求，从而在教学实践中取得更好的效果。

新时代教育理念强调跨学科知识的整合，要求教师培养学生的综合素养。教师需要帮助学生在学习过程中将不同学科的知识进行整合，培养他们的批判性思维和解决问题的能力。这种跨学科的教育方式不仅有助于学生在学术上取得成功，还能帮助他们在复杂的社会环境中应对各种挑战，成为具有综合能力的人才。

新时代教育理念鼓励教师具有全球视野，培养学生的国际理解与合作能力。面对全球化时代的需求，教师需帮助学生理解不同文化和社会背景，培养他们的国际意识和合作精神。这不仅能帮助学生在全球化背景下获得更多的机会，也能提升他们在多元文化环境中的适应能力和竞争力，为未来发展开拓更广阔的视野，创造更多的可能性。

（二）掌握以学生为中心的教学观念

1.关注学生的学习需求和兴趣

教师在教学过程中，需要关注学生的学习需求和兴趣，以此为基础设计个性化的学习方案。这不仅能增强学生的学习积极性和参与感，还能有效促进其学业成就。个性化的学习方案要求教师深入了解每个学生的特点和需求，从而在教学中有针对性地进行指导和支持。此外，教师还需具备灵活调整教学策略的能力，以适应不同学生的学习节奏和风格。

2.运用多样化的教学策略

在课堂教学中，教师需要运用多样化的教学策略，鼓励学生进行自主探究和合作学习。这种教学方式不仅能够激发学生的好奇心和求知欲，还能培养他们的批判性思维能力。通过自主探究，学生能够在发现问题、解决问题的过程中提升自我认知和创新能力；而合作学习则有助于增强学生的团队协作意识和沟通能力。教师在设计课堂活动时，应注重为学生提供多样化的学习机会，使其在不同的学习情境中不断挑战自我，获得成长。

3.构建良好的师生关系

教师应善于倾听学生的声音，尊重他们的意见和建议。通过建立平等、信任的师生关系，教师能够更好地了解学生的内心世界，从而在教学中给予更为贴切的支持和引导。尊重学生的个性和想法，不仅能增强学生的自信心和自尊感，还能激发他们的学习动力和创造力。教师在与学生互动时，应保持开放的态度，积极回应学生的反馈，以构建良好的课堂氛围，提升学习效果。

4.关注学生的情感和心理发展

教师应努力创造一个安全和支持的学习环境，以促进学生的全面成长。在这样的环境中，学生能够感受来自教师和同学的关爱和支持，从而更愿意参与到学习活动中。教师应关注学生的情感变化，及时给予心理支持和疏导，帮助他们建立积极的学习态度和生活观念。通过关注学生的情感需求，教师能够更好地引导学生在学习过程中获得成就感和幸福感。

（三）践行素质教育理念

素质教育不仅是知识的传授，还强调学生的全面发展。教师在教育过程中必须深入理解素质教育的核心理念，关注学生的个体差异。每个学生都有其独特的优势和潜力，教师需要因材施教，帮助学生在德、智、体、美、劳等方面均衡成长。这种全方位的发展要求教师不仅具备扎实的学科知识，还需具备敏锐的教育洞察力和灵活的教学策略。

在教学过程中，教师应积极实施以能力培养为导向的教学策略。传统的教学方法往往侧重于知识的灌输，而素质教育则要求教师关注学生实践能力和创新能力的提升。教师可以通过设计开放性的问题、组织实践活动等方式，激发学生的思维能力和创造力。同时，教师还应鼓励学生在课堂之外参与各种课外活动和社会实践。这不仅有助于学生将课堂知识应用于现实生活，还能培养他们的团队合作精神和社会责任感，从而促进学生综合素养的发展。

教师在教学过程中需保持反思和评估的习惯。定期反思教学效果，能够帮助教师发现教学中的不足并及时进行调整。这种反思不仅是对教学方法的改进，更是对学生学习需求的回应。通过不断调整教学内容和方法，教师能够更好地适应素质教育的目标，增强学生的学习效果。同时，教师应与家长和社会各界建立良好的合作关系。教育不仅是学校的责任，更是全社会的共同任务。通过与家长和社会各界的合作，教师可以为学生创造更优质的学习环境，推动素质教育的全面实施。

三、教师文化素养的拓展

(一)人文素养的积淀与提升

在教育创新发展的背景下,教师的人文素养积淀与提升显得尤为重要。人文素养不仅是教师专业发展的核心组成部分,也是其教育教学能力的重要体现。

1. 加强对人文学科的理解

教师需加强对人文学科的理解,全面提升在文学、历史、哲学等领域的知识储备。这不仅能够丰富教学内容,增加课堂的深度和广度,还能激发学生的学习兴趣和思维能力。通过对人文学科的深入研究,教师能够在教学中融入更多的文化内涵,促进学生的人文素养提升。

2. 参与人文素养培训

参与人文素养培训是教师提升自身文化素养的有效途径。通过有针对性的培训,教师可以提高对学生情感和心理需求的敏感度,从而更好地支持学生的全面发展。人文素养的培训不仅是知识的传授,更是对教师情感和价值观的深层次影响。教师在培训中获得的情感体验和价值观念,将直接影响其教学风格和与学生的互动方式,进而促进学生的情感发展和社会化进程。

3. 积极阅读经典著作

教师在日常教学中,应积极阅读经典著作,培养批判性思维和文化鉴赏能力。经典著作不仅是人类智慧的结晶,也是教师人文素养的重要来源。通过阅读,教师能够不断积累文化知识,增强对不同文化的理解和包容能力。这种文化积淀不仅丰富了教师的教学内容,也提升了其教学魅力,使课堂教学更具吸引力和感染力。批判性思维的培养则有助于教师在教学中引导学生进行深入思考,提升学生的分析和判断能力。

(二)科学素养的提升与应用

在现代教育中,教师不仅需要具备扎实的科学知识,还需掌握科学研究的方法论。这种方法论不仅是科学研究的基础,更是提升教师科学素养和教学能力的关键。通过掌握科学的方法论,教师可以在课堂教学中更加注重教学的科学性和严谨性,促进学生对科学知识的理解和应用能力的提高。科学素养的提升不仅是个人能力的增强,更是推动教育质量提高的重要途径。

教师在专业化背景下,应积极参与科学教育的专业发展活动。这些活动包括研讨会、工作坊和课程培训等,旨在帮助教师了解最新的科学教育理念和实践。这一过程不仅能增强教师的教学技能,还能使他们在教学中更有效地引导学生进行科学探究。通过不断更新的科学教育知识,教师能够更好地适应教学环境的变化,确保学生在科学学习中获得全面的发展。科学教育的持续发展需要教师的积极参与和不断学习。

培养学生的科学思维能力是教师的重要职责。教师应该鼓励学生运用科学方法解决实际问题,这不仅能提升学生的创新能力,还能增强他们的实践能力。科学思维的培养需要教师在教学中设计合理的探究活动,引导学生在实践中发现问题、提出假设、进行实验和验证结论。这种教学方式不仅能激发学生的兴趣,还能帮助他们掌握科学思维的基本方法,为未来的学习和生活打下坚实的基础。

在现代教育中,教师应加强对科学技术的理解,关注科技发展动态。随着科技的迅猛发展,现代科技工具在教学中的应用日益广泛。教师需要不断更新自己的科技知识,以便在教学中有效整合这些工具,提升教学效果。通过合理使用现代科技,教师可以为学生提供更为生动和直观的学习体验,帮助学生更好地理解和掌握科学知识。同时,科技的应用为教师的教学创新提供了更多的可能性。

(三)跨学科文化素养的融合

教师不仅需要掌握自身领域的知识,还需具备整合不同学科知识的能力。这种能力的培养有助于提升学生的综合素养和创新能力。跨学科教学理念的核心在于打破传统学科界限,强调知识的整体性和关联性。通过这种教学模式,学生能够在学习过程中拓宽视野,增强解决复杂问题的能力,进而在多元化的社会中获得竞争优势。

跨学科合作是实现这一目标的有效途径。教师可以通过设计综合性课程,帮助学生在多元视角下进行思考和学习。这不仅促进了学生的全面发展,还激发了他们的创造力和批判性思维能力。综合性课程的设计要求教师能够灵活运用不同学科的知识,并将其有机地结合在一起,从而为学生提供更为丰富的学习体验。这种教学策略不仅提高了学生的学习兴趣,还增强了他们的团队合作和实践能力。

为了更好地实施跨学科教学,教师需积极参与跨学科的专业发展培训。这些培训帮助教师学习如何有效地运用跨学科的方法和工具,丰富教学内容,提高教学效果。通过参与这些培训,教师能够不断更新自己的知识结构,掌握最新的教学方法和技术,以应对教育领域的不断变化。这样的持续学习不仅提升了教师的专业能力,也为学生提供了更高质量的教育。

教师应积极探索跨学科项目,鼓励学生在实际项目中应用所学知识。这种实践教学模式有助于培养学生的实践能力和团队合作精神。在具体项目中,学生需要运用不同学科的知识来解决实际问题,这不仅提高了他们的动手能力,也增强了他们的责任感和协作能力。通过这样的项目,学生能够更好地理解理论知识与实际应用之间的关系,提升他们的综合素养。

四、教师心理素质的强化

(一)增强心理承受能力

1.学习有效的压力管理技巧

教师在专业化背景下的继续教育中,心理素质的强化需求显得尤为重要。教师需学习有效的压力管理技巧,以应对课堂和工作中的各种挑战,保持心理健康和职业稳定性。压力管理不仅是教师职业发展的关键环节,也是教师在面对复杂教学环境时的必备技能。通过系统的培训,教师可以学会识别压力源,并运用科学的方法进行缓解。这种技巧的掌握不仅有助于教师自身的心理健康,也能提高课堂教学的质量和效率。

2.培养良好的情绪调节能力

教师需掌握情绪识别与表达的方法,以便更好地管理自身情绪和应对学生情绪。情绪调节能力的增强有助于教师在面对学生多样化的情绪反应时,保持冷静和理性,从而创造一个和谐的课堂氛围。通过情绪管理的培训,教师能够在教学过程中,更加自如地处理突发事件和情绪波动,进而提升教学效果和学生满意度。

3.参与心理素质提升的培训课程

参与心理素质提升的培训课程,可以为教师提供一个深入学习心理学基础知识的机会，增强对学生心理需求的理解与支持能力。通过这些课程，教师不仅能提高自我心理调节能力，还能在日常教学中更好地识别学生的心理状态，给予适当的指导和支持。这种能力的培养对于教师实现全面的职业素养提升具有重要意义，有助于建设更为健康和积极的教育环境。

4.定期进行心理健康评估

通过定期的心理健康评估，教师能够及时发现自身心理状态的变化，从而采取适当的应对措施，保持积极的工作态度。心理健康评估作为一种有效的自我监测手段，可以帮助教师在早期阶段识别心理问题的苗头，进而采取预防措施。这不仅能够减少教师因心理问题导致的职业倦怠，还能为学生提供更为稳定的教学支持，促进教育质量的提高。

5.培养良好的社交支持网络

培养良好的社交支持网络可以增强教师的心理承受能力。教师应主动与同事、家长及专业心理咨询师建立联系，以便在遇到心理压力时获得及时的帮助与支持。一个强大的社交支持网络可以为教师提供情感上的支持和专业上的建议，帮助他们更好地应对工作中的各种挑战。通过与他人的交流和互动，教师可以获得新的视角和解决问题的方法，进而增强自身的职业幸福感和成就感。

(二)培养健康心态与情绪管理能力

教师在日常工作中面临多重压力，情绪管理能力的提升有助于维护心理健康和职业稳定性。

1.培养积极的自我对话习惯

教师在工作中常常遇到各种挑战和压力，积极的语言和思维模式可以帮助他们更好地应对这些困难。通过积极的自我对话，教师能够在面对挫折时保持乐观，增强自信心和应对能力。这不仅有助于个人心理的健康发展，还能在潜移默化中影响学生，营造积极向上的课堂氛围。积极的自我对话有助于教师在职业生涯中保持持久的热情和动力。

2.积极参与团体心理辅导活动

教师应积极参与团体心理辅导活动，通过与同事分享和交流，增强社交支持，减轻心理负担。团体辅导提供了一个安全的环境，教师可以在其中表达自己的情感和困惑，获得同事的理解和支持。这种互动不仅有助于个人情绪的释放，还能促进团队合作和集体智慧的发挥。通过团体辅导，教师可以学习到更多的情绪管理技巧，提高自身的心理素质和职业幸福感。

3. 培养情绪表达能力

教师需学会适当地表达自己的情绪，这对促进良好的师生关系和同事关系至关重要。适当的情绪表达可以帮助教师在工作中建立信任和理解，减少误解和冲突。通过有效的情绪表达，教师能够更好地与学生和同事沟通，营造和谐的教育环境。情绪表达能力的提升是教师职业发展的关键因素之一，能够显著改善教学效果和工作满意度。

4. 定期进行自我反思

教师应定期进行自我反思，评估情绪管理效果，调整应对策略，以保持良好的心理状态和职业热情。自我反思是个人成长的重要途径，通过反思，教师可以识别自身在情绪管理中的不足，并制订改进计划。反思过程有助于教师更加深入地理解自己的情绪反应模式，进而采取更加有效的管理策略。通过不断地反思和调整，教师能够在职业生涯中保持持续的心理健康和积极的工作态度。

(三)提升心理辅导与咨询技能

教师不仅需要具备学科知识，还需具备心理辅导与咨询技能，以便更好地支持学生的全面发展。教师需掌握基本的心理辅导理论，了解心理发展阶段及其对学生行为的影响。这种理论知识能够帮助教师在面对学生的情感问题时，提供更加科学和有效的情感支持与干预。此外，教师还需要具备敏锐的观察力和分析能力，以识别学生在不同心理发展阶段可能出现的行为特征，从而采取相应的教育策略。

提升心理辅导与咨询技能的一个关键是倾听技巧的学习。教师应能够敏锐地捕捉学生的情感需求和心理状态。教师不仅要听到学生在说什么，还要理解学生在表达什么。通过有效的倾听，教师可以为学生提供更具针对性的心理辅导，帮助学生在学习和生活中更好地调节情绪，增强自我管理能力。倾听技巧的掌握不仅有助于个别学生的成长，而且能促进班级整体的和谐氛围。

教师需了解常见心理问题的识别和应对策略。现代学生面临的心理问题日益多样化，教师作为学生日常接触的主要成人之一，应具备初步心理问题识别能力，及时发现学生的心理困扰，提供初步的支持与建议，帮助学生走出心理困境。这不仅能够有效预防严重心理问题的发生，还能在一定程度上减轻学校心理咨询资源的压力。

建立信任关系的技巧是提高心理辅导有效性的关键。教师应努力创造一个安全的环境，让学生愿意分享自己的情感和问题。信任的建立需要教师在日常教育中展现出真诚和关怀，这不仅有助于增强学生的心理安全感，而且能提升心理辅导的效果。通过建立良好的师生关系，教师可以更深入地了解学生的内心世界，从而提供更加精准的心理支持。

五、教师团队合作素养的培养

(一)培养团队合作精神与意识

团队合作不仅可以增强教师之间的凝聚力，还能促进协作精神的形成，从而实现共同的教育目标。教师应主动参与团队建设活动，通过这些活动，不仅能够提升个人的职业素养，还能为团队带来积极的变化。团队建设活动可以包括工作坊、团队拓展活动以及定期的团队会议等，这些活动有助于增强教师之间的信任和理解，促进团队内部的良好互动。

教师通过定期的团队讨论和交流，可以分享各自的教学经验和资源。这种分享不仅能提升团队的整体教学水平，还能为教师个人提供新的教学思路和方法。团队讨论可以围绕教学中的实际问题展开，通过集思广益寻找解决方案，从而促进教学实践的改进和创新。在交流的过程中，教师之间的互动也能激发新的教学灵感，提升团队的创造力和教学效果。

在团队合作中，教师需理解团队角色的重要性，明确自身在团队中的定位。每位教师在团队中都有独特的角色和职责，理解并履行这些角色和职责是团队合作成功的关键。明确个人在团队中的定位，有助于教师发挥自身的优势，补充团队的不足，从而实现团队整体效能的提升。通过角色的清晰划分，团队成员可以更好地协调工作，避免职责重叠或遗漏，提高合作的效率。

鼓励教师参与跨学科的团队合作项目是拓宽其视野的重要途径。跨学科合作可以让教师接触不同领域的知识和方法，提升其创新能力和解决复杂问题的能力。在跨学科项目中，教师可以与其他学科的同事共同探讨教学问题，寻找创新的解决方案。这种合作不仅能丰富教师的专业知识，还能为学生提供更加多元化的学习体验，提高教育的整体质量。

(二)提升有效沟通与协作技巧

在专业化背景下，教师在继续教育的过程中，学习有效的沟通与协作技巧可以提升其团队合作精神。有效的沟通不仅是信息传递的工具，还是建立信任和理解的桥梁。教师在教育环境中，需要具备倾听技巧，以便准确理解同事和学生的需求与观点。这种能力的培养有助于在团队中形成更为稳固的合作基础。通过倾听，教师不仅能更好地回应他人的期望，还能在团队中发挥更为积极的作用，促进整体协作效率的提高。

角色扮演和模拟活动是提升沟通能力的重要手段。在这些活动中，教师可以扮演不同的角色，体验不同的视角，从而提高在团队中进行有效沟通的能力。这种训练不仅增强了教师对不同角色的理解与包容，而且提高了其在实际教学情境中处理复杂人际关系的能力。通过模拟现实情境，教师能够更好地把握沟通中的细节，提高与学生及同事互动的质量。

提供和接受建设性的反馈是团队合作的重要组成部分。教师需要学习如何在不伤害他人感情的情况下提供反馈，同时要开放地接受他人的建议。这样的互动有助于建立团队成员之间的信任，促进合作关系的深化。建设性的反馈不仅能帮助团队成员改进工作，还能增强团队的凝聚力和整体工作效率。在教育环境中，教师通过反馈机制能够更好地调整教学策略，以满足学生的多样化需求。

为了适应不断变化的教育环境和团队需求，教师需定期参与沟通技巧培训。通过这些培训，教师可以不断更新和提升自身的沟通能力，以应对多样化的教育挑战。培训不仅提供了理论知识，还通过实际演练帮助教师在真实情境中应用所学技巧。这样的持续学习过程对于教师的职业发展至关重要，有助于其在专业化背景下实现更高水平的教学实践。

(三)提升团队领导力与组织协调能力

团队领导力与组织协调能力是教师在教育创新发展中不可或缺的素养。教师需具备明确的团队目标设定能力，以确保团队在教学活动中朝着共同方向努力。通过设定清晰的目标，教师能够增强团队的凝聚力和执行力，使团队成员在共同的愿景下协同工作，推动教育质量的提高。团队目标的设定不是一个形式上的要求,而是团队运作的核心动力,它引导团队成员的行动,并为团队的持续发展提供方向。

在团队合作中,教师应学会有效分配任务和资源,以确保团队成员在各自的角色中发挥最佳表现。合理的任务分配不仅能够提高整体工作效率,还能激发团队成员的潜力,使其在各自的岗位上贡献力量。资源的合理配置则是实现高效运作的基础,教师需要具备敏锐的洞察力和灵活的应变能力,以便在资源有限的情况下,最大化其使用效果。通过科学的任务和资源管理,教师团队能够在复杂的教学环境中保持高效运作,达成既定的教育目标。

教师需掌握冲突解决技巧,通过有效沟通和协商,及时化解团队内部的矛盾。在团队合作过程中,难免会出现各种意见分歧和矛盾,教师作为团队的领导者,需要具备良好的沟通能力和协商技巧,以维护团队的和谐氛围。通过建设性的对话和积极的沟通,教师可以促进团队成员之间的理解与信任,减少因误解和分歧带来的负面影响,从而确保团队的稳定和持续发展。

为了增强团队成员之间的信任与合作,教师应定期组织团队建设活动。这些活动不仅有助于提升团队的整体协作能力,还能提高团队成员的工作满意度。通过团队建设活动,教师能够营造一种积极的团队氛围,增强成员之间的联系和信任。这种信任和合作是团队高效运作的基石,使团队成员能够在工作中相互支持和配合,形成合力,推动团队目标的实现。

第二节　教师教育教学能力提升

一、教师教学设计能力的提升

(一)课程目标设定

课程目标的设定不仅是教学设计的起点,也是评价教学效果的基础。明确课程目标的具体性和可测量性是确保教学成果能够被准确评估的关键。通过设定清晰而具体的目标,教师可以有效地衡量学生的学习成果,进而调整教学策略以满足学生的学习需求。这种目标设定的精确性为教师提供了一个清晰的教学方向,使教学过程更具针对性和有效性。

课程目标的设定应与学生的实际需求和兴趣相结合。通过了解学生的兴趣点，教师可以设计出更具吸引力的课程内容，增强学习的相关性。这不仅能激发学生的学习动机，还能使教学内容更贴近学生的生活和经验，从而提高学习效果。在这一过程中，教师需要具备敏锐的观察力和灵活的教学策略，以便在教学中不断调整和优化课程目标，确保其与学生需求的契合。

在设定课程目标时，教师需考虑不同学生的学习能力和背景，以确保目标的包容性。这意味着教师在设计课程目标时，应充分考虑学生的多样性，包括他们的认知水平、文化背景以及个性化学习需求。通过设定具有包容性的课程目标，教师可以为所有学生提供平等的学习机会，促进教育公平。这种包容性目标的设定要求教师具备良好的教育学素养和敏锐的洞察力，以便能够识别和满足不同学生的需求。

课程目标应反映学科的核心知识与技能，帮助学生建立扎实的学科基础。教师在设定课程目标时，应确保这些目标能够涵盖学科的基本概念和技能，使学生在学习过程中能够掌握必要的学科知识。这不仅有助于学生在学科领域内的深入学习，还能为他们的未来学习奠定坚实的基础。教师在此过程中需要具备深厚的学科知识和教学经验，以确保课程目标的科学性和合理性。

（二）教学活动规划

教学活动规划不仅是课程设计的核心环节，也是教师教学能力提升的关键。有效的教学活动规划需要教师具备敏锐的洞察力，能够制定符合学生学习需求的教学活动，确保活动内容与学生的兴趣和实际能力相匹配。这种匹配不仅提高了学生的参与度和学习效果，还能激发学生的学习动机，使学习过程更加积极主动。

为了促进学生的主动学习和合作能力，教师在规划教学活动时，需设计多样化的教学活动形式。小组讨论、角色扮演和项目研究等形式，不仅能够活跃课堂氛围，还能培养学生的团队合作精神和解决问题的能力。这些活动形式通过学生之间的互动和交流，帮助他们在合作中学习，在实践中成长，进而提升整体学习效果。

在现代教育环境中，整合现代教育技术工具成为教学活动规划的重要组成部分。教师可以利用在线平台和多媒体资源，丰富教学活动的表现形式，增强学生的学习体验。这些技术工具不仅让教学内容更加生动有趣，还提供了多样化的学习途径，使学生能够根据个人需求进行个性化学习。同时，建立有效的反馈机制是教学活动规划中的重要一环。教师可以通过课堂观察和学生反馈，及时调整教学活动的设计与实施。这样的反馈机制不仅能帮助教师了解教学活动的实际效果，还为其提供了改进教学策略的依据，从而不断提高教学质量和学生的学习成效。

（三）教学资源选择

在现代教育背景下，教学资源的选择是教师教学设计能力的核心要素。教学资源的选择不仅影响教学效果，还直接关系到学生的学习体验和成果。选择符合课程目标的教学资源是确保其相关性和有效性的关键。教师需要深入理解课程目标，从而选择与之匹配的资源，以便在教学过程中实现预期的教育目标。这一过程要求教师具备分析和判断能力，能够在众多可用资源中辨别出最适合的资源。

评估教学资源的适用性是教师在选择资源时必须考虑的重要方面。不同学生的学习风格和需求各异，教师需要在资源选择时充分考虑这些差异，以提升学生的学习体验。通过对学生学习风格的分析，教师可以选择那些能够吸引学生注意力并激发其学习兴趣的资源。这种个性化的资源选择策略有助于促进学生的深度学习和知识内化。

为了丰富教学内容，教师应尝试整合多种类型的教学资源，包括文本、视频、音频和互动工具。这种多样化的资源整合不仅可以增强教学内容的吸引力，还能满足不同学习风格学生的需求。在实际教学中，教师可以通过不同媒介的组合使用，创造出更加生动的学习环境，帮助学生更好地理解和掌握教学内容。

教学资源的更新与维护是教师在资源选择过程中不能忽视的环节。随着教育理念和技术的不断发展，教学资源也需要及时更新，以反映最新的教育趋势和技术进步。教师应定期检查和更新所用的教学资源，确保其内容的时效性和准确性。这不仅有助于提高教学质量，还能激发学生对学习的持续兴趣和动力。

二、教师课堂管理能力的提升

（一）学生行为管理

在专业化背景下，提升教师的课堂管理能力是教师继续教育的重要组成部分。学生行为管理是其中的核心内容。

1. 制定明确的课堂行为规范

制定明确的课堂行为规范是有效管理学生行为的基础。这些规范不仅为学生提供了行为指导，还能促进积极的课堂互动，创造一个有利于学习的环境。教师在设定这些规范时，需要考虑学生的年龄、文化背景以及个体差异，以确保规范的适用性和可操作性。同时，规范的制定需要与学生共同商议，以增强其认同感和责任感。

2. 运用积极的行为管理策略

通过表扬和奖励，教师可以有效地鼓励学生展现良好行为。这不仅有助于增强学生的自信心，还能营造一个积极向上的课堂氛围。奖励机制不应仅限于物质奖励，更多的应是精神上的认可，如口头表扬、展示优秀作业等，这样可以激发学生的内在动力。此外，教师在使用奖励时应注意公平性和及时性，以确保每位学生都能感受到认可和激励。

3. 及时识别和处理课堂中的不当行为

及时识别和处理课堂中的不当行为是维持课堂秩序的关键。教师需要具备敏锐的观察力和判断力，以便在不当行为刚出现时就能采取适当的干预措施。这不仅能防止不当行为的蔓延，还能保护其他学生的学习权利。教师应根据不当行为的性质和严重程度，选择合适的干预策略，如提醒、面谈或家校沟通等，以达到最佳的矫正效果。

4. 建立良好的师生关系

建立良好的师生关系是有效管理学生行为的基础。通过有效的沟通，教师可以减少学生的抵触情绪，促进合作学习。教师应努力了解学生的兴趣、爱好以及个性特点，以便在教学过程中更好地与学生互动。良好的师生关系不仅有助于课堂管理，还能提高学生的学习积极性和参与度，进而提升整体教学效果。

（二）课堂氛围营造

课堂氛围不仅影响学生的学习效果，还直接关系到教师的教学效率。通过设置友好的课堂规则和期望，教师可以鼓励学生积极参与课堂活动和互动。这种积极的课堂氛围能够激发学生的学习兴趣，使他们在学习过程中更加投入。同时，明确的规则和期望为学生提供了行为规范的指导，使课堂秩序得以维持，从而为所有学生创造一个公平的学习环境。

在课堂氛围的营造中，教师可以利用音乐、艺术和视觉元素等多种感官刺激，创造一个愉悦和放松的学习环境。这些感官刺激不仅能够增强学生的学习积极性，还能帮助学生在课堂上保持专注和参与感。例如,通过播放柔和的背景音乐,学生可以在轻松的氛围中进行学习,减少紧张和压力。此外,利用色彩丰富的视觉材料,也能激发学生的创造力和想象力,使他们在学习中获得更多的乐趣和成就感。

团队建设活动和小组合作是增强学生之间信任和协作的重要手段。这些活动能够促进良好的同伴关系和集体归属感,使学生在课堂上感受到支持和鼓励。在小组合作中,学生可以通过互相学习和帮助,提升自己的知识和技能。同时,团队建设活动为学生提供了锻炼领导力和沟通能力的机会,使他们在未来的学习和生活中更具竞争力。

教师在课堂氛围的营造中,应展现出热情和关怀,积极关注每位学生的情感需求。通过营造支持性和包容性的学习氛围,教师能够帮助学生建立自信心和自尊心,使他们在课堂上敢于表达自己的观点和想法。此外,教师的热情和关怀能激励学生更加努力地学习,从而取得更好的学习成绩。

(三)时间管理技巧

1. 制定明确的时间管理计划

制定明确的时间管理计划是每位教师必备的技能。通过为每个教学活动设定具体的时间分配,教师可以有效提高课堂效率,同时增强学生的参与度。明确的时间框架不仅帮助教师更好地组织教学内容,还能促使学生在规定的时间内完成学习任务,形成良好的时间观念。此外,合理的时间管理计划有助于教师在有限的时间内实现教学目标,提高教学质量。

2. 使用时间管理工具

日历和待办事项清单等工具可以帮助教师更高效地组织日常教学任务和重要活动。这些工具不仅能提醒教师即将到来的任务和截止日期,还能帮助他们合理安排教学进度,避免遗漏关键事项。通过科学地使用这些工具,教师可以更好地平衡教学、科研和其他工作任务,减少因时间管理不当而产生的压力,从而更专注于教学质量的提高。

3. 定期评估和调整时间管理策略

根据课堂反馈和学生学习进度,教师需要灵活调整时间分配,以适应不同的教学情境。通过不断的评估,教师可以识别哪些时间管理策略有效,哪些需要改进。这种反思和调整不仅能帮助教师更好地适应学生的学习需求，还能促进教师自身的专业发展，使其教学能力不断提升。

4. 培养自我反思的习惯

通过记录和分析课堂时间使用情况，教师可以识别出浪费时间的环节，并采取措施加以改进。这种自我反思的过程不仅有助于优化教学流程，还能增强教师的时间管理意识，促使其在日常教学中更有计划性和条理性。这种习惯的养成，不仅有助于教师自身的成长，还能为学生提供更高效的学习环境。

三、教师教学评价能力的提升

（一）评价标准制定

制定明确的评价标准不仅有助于客观量化教师的教学效果，也能有效评估学生的学习成果。评价标准的科学性和合理性直接影响教学质量的提高和学生的全面发展。因此，制定评价标准时，需从多维度入手，确保其全面性和客观性。标准应涵盖知识掌握、技能应用、学习态度等方面，以全面反映学生的综合素养。这种多维度的评价标准能够帮助教师更好地识别学生的优势和不足，从而有针对性地调整教学策略，提升教学效果。

在制定评价标准的过程中，应充分考虑不同学科的特点和教学目标。不同学科的知识体系和教学方法各异，评价标准必须具备适用性和针对性，以便在具体的教学情境中发挥作用。例如，理科课程可能更注重学生的逻辑思维和问题解决能力，而文科课程则可能更强调表达能力和批判性思维。因此，评价标准的制定需结合学科特性，明确各学科的核心目标和评价重点，确保其能够有效指导教师的教学实践。

评价标准的制定需考虑学生的个体差异。不同学生在学习风格、能力水平、兴趣爱好等方面存在显著差异，评价标准的灵活性显得尤为重要。通过标准的灵活调整，教师可以更好地适应不同学生的学习需求，提供个性化的教学指导。这种灵活性不仅促进了学生的个性发展，也提高了教师在教学过程中应对各种教学情境的能力。

（二）反馈机制优化

反馈机制的优化不仅有助于教师了解自身教学的优劣，还能为学生提供更好的学习体验。

1.建立多元化的反馈渠道

建立多元化的反馈渠道是优化反馈机制的基础。通过问卷调查、课堂讨论和个别谈话等方式,学生可以表达对教学的看法和建议,这种多样化的反馈方式能够为教师提供更为全面的教学信息。此外,鼓励学生积极参与反馈过程,也能提高他们的学习主动性和反思能力。

2.定期组织教师之间的反馈交流会

教师之间的反馈交流会为教师提供了一个分享教学经验和评价结果的平台,通过相互学习和借鉴,教师可以在专业成长的道路上获得更多的支持和启发。这种交流不仅有助于发现教学中的共性问题,还能激发教师对教学创新的思考,进而提高整体教学质量。

3.使用数据分析工具

通过对学生学习成果的定量分析,教师能够获得更为客观的反馈数据。这些数据不仅可以帮助教师识别教学中的问题,还能为其调整教学策略提供科学依据。在这种数据驱动的反馈机制下,教师能够更有针对性地进行教学改进,最终实现教学效果的提升。

4.引入学生自评和互评机制

自评和互评不仅培养了学生的反思能力和评价意识,还使他们在学习评价中发挥了更为积极的作用。通过自评,学生能够更好地认识到自身学习的优缺点;通过互评,学生之间可以相互学习和借鉴。这种参与式的评价方式,不仅增强了学生的学习积极性,还为教师提供了更为多元化的反馈信息。

四、教师学科知识整合能力的提升

(一)跨学科知识链接

跨学科知识链接将不同学科的知识进行有机结合,从而形成一种综合性的理解和应用能力。这种链接不仅要求教师具备深厚的学科知识,还需要他们能够在教学过程中灵活运用这些知识，以促进学生的全面发展。通过跨学科知识链接，教师可以引导学生从多角度分析问题，培养他们的批判性思维和创新能力，从而提升学生的综合素养

在教学实践中，教师要有效整合不同学科的知识。教师需要具备跨学科的视野和能力，能够识别和利用学科间的内在联系。这要求教师在备课时，不仅关注自己所教学科的内容，还要考虑其他相关学科的知识，寻找其中的交叉点和结合点。此外，教师还应设计具有挑战性的学习任务，引导学生在解决实际问题的过程中，自主探索和应用多学科知识。这种方法不仅能够激发学生的学习兴趣，还能提高他们解决复杂问题的能力。

跨学科知识链接对学生综合素养的提升具有深远的影响。在这种教学模式下，学生能够在不同学科的交汇点上，形成更加全面和深刻的理解。他们不仅能掌握各学科的基本知识，还能在实际情境中灵活运用这些知识，进行创造性思考。通过跨学科的学习，学生的沟通能力、团队合作能力以及创新能力都得到了显著提升。这种全方位的素养提升，有助于学生在未来的学习和工作中，面对复杂多变的社会环境时，具备更强的适应能力和竞争力。

实施跨学科教学的策略与方法多种多样。教师可以通过项目式学习、问题导向学习等教学模式，将不同学科的知识有机结合。在项目式学习中，学生通过参与实际项目，应用多学科知识进行探究和实践。而问题导向学习则通过设置真实情境的问题，引导学生从多个学科角度进行分析和解决。此外，教师还可以利用现代信息技术手段，搭建跨学科的学习平台，鼓励学生进行自主学习和协作学习。这些策略和方法的运用，能够有效促进跨学科知识的深度链接。

（二）学科前沿动态掌握

学科前沿动态的掌握不仅是教师个人专业发展的需要，也是提升学生学习效果的关键。因此，教师须具备敏锐的学科前沿意识，主动跟进学术领域的最新进展，并将其转化为教学实践中的创新点。

为了有效掌握学科前沿动态，教师应定期参加相关的专业发展活动，如研讨会和学术会议。这些活动为教师提供了一个获取最新学术动态和教育理念的平台，使其能够在与同行和专家的交流中，深入了解学科发展的最新趋势和方向。此外，这些活动还为教师提供了展示自身研究成果和教学经验的机会，促进了学术交流和思想碰撞，有助于教师形成更为全面和深刻的学科视野。

教师需积极利用专业网络平台和数据库，获取和分享最新的学科文献和研究

成果。这些平台和数据库为教师提供了丰富的学术资源，帮助教师及时掌握学科发展的最新动态，并通过阅读和研究相关文献，提升自身的学术素养。同时，教师在分享学科研究成果的过程中，能促进学术交流和知识传播，推动学科的进一步发展。

教师应关注教育技术的最新发展，探索如何将新技术有效融入学科教学中。教育技术的快速发展为教学方法和手段的创新提供了新的可能性，教师需积极探索这些新技术在教学中的应用，以提升教学效果和丰富学生的学习体验。合理利用教育技术，教师可以创建更加生动和互动的课堂环境，提高学生的参与度和学习兴趣，进而实现教学质量的提高。

（三）知识应用能力强化

在专业化背景下，教师需掌握将学科知识应用于实际教学中的策略，以增强学生的学习体验和理解能力。这不仅要求教师具备扎实的学科知识，还需灵活运用这些知识来设计教学活动，以便学生能够在真实情境中体验和理解所学内容。通过这种方式，学生不仅能够更好地掌握知识，还能增强其学习兴趣和动力，从而实现更深层次的学习效果。

教师应能够设计与现实生活紧密相关的课程，帮助学生将所学知识转化为实际应用能力。这一过程需要教师在课程设计中融入真实的生活案例和问题情境，使学生在解决这些问题的过程中，能够将课本上的知识与现实生活相联系。这样，学生不仅能更好地理解理论知识，还能通过实践提高其解决问题的能力，进而培养出具有实际应用能力的人才。这种课程设计理念强调理论与实践相结合，是提升学生综合素质的重要途径。

在培养学生解决实际问题时运用学科知识的能力方面，教师需特别关注提升学生的创新思维和实践能力。创新思维是现代教育的重要目标之一，教师在教学中应鼓励学生提出独特的见解和解决方案，帮助他们在面对复杂问题时，能够灵活运用所学知识进行分析和解决。这一过程不仅能提升学生的学科知识应用能力，还能激发他们的创造力，使其在未来的学习和工作中更具竞争力和适应能力。

教师需通过跨学科项目，促进学生在多种知识背景下的综合运用，增强他们的综合素质和适应能力。跨学科项目能够打破学科界限，促进学生在不同知识领域的交叉学习，使其能够在多元化的知识背景下，灵活地运用所学知识解决问题。这种学习方式不仅能提升学生的综合素质，还能培养其在复杂环境中适应和创新的能力，是现代教育中不可或缺的一部分。通过这些措施，教师的知识应用能力将得到显著提升，从而更好地满足专业化背景下教育教学的需求。

第三节　教师教育技术应用能力提升

一、教师信息技术基础知识的学习

(一)信息技术基础知识

信息技术基础知识是指在教育领域中，教师需要具备的关于信息技术的基本知识和对这些知识的理解。信息技术通常指用于创建、存储、交换和利用信息的各种技术手段，包括计算机、网络、软件以及其他数字工具。对于教师而言，掌握信息技术基础知识是其提高教学质量和效率的前提。在教育中，信息技术不仅是一种工具，更是一种促进教学创新和变革的力量。通过对信息技术基础知识的学习，教师能够更好地理解如何在教学中有效地应用这些技术，从而提升学生的学习体验和效果。

信息技术在教育中的重要性在于，它为教学提供了新的方法和手段，改变了传统的教学模式。信息技术通过多媒体、网络教学平台、虚拟实验室等多种形式，丰富了教学内容和形式，使教学更加生动。同时，信息技术在教育中的应用促进了教师的专业发展，使其能够更好地适应现代教育的需求和挑战。信息技术的应用不仅提高了教学的效率，还增强了教学的灵活性和适应性，使个性化教学成为可能。因此，教师对信息技术的基本定义及其在教育中的重要性有深入的认识和理解，是其提高教育技术应用能力的基础。

信息技术在教学过程中的应用范围与形式是多样的，涵盖了从课堂教学到课外辅导的各个环节。在课堂教学中，信息技术可以通过电子白板、投影仪、在线资源等方式，帮助教师更好地展示教学内容，激发学生的学习兴趣。在课外辅导中，信息技术则通过在线学习平台、学习管理系统等工具，支持学生的自主学习和个性化学习需求。此外，信息技术还为教师提供了丰富的教学资源和工具，使其能够更好地设计和组织教学活动。因此，了解信息技术在教学过程中的应用范围与形式，是教师提升其教育技术应用能力的重要方面。

(二)信息技术操作技能

教师在现代教育环境中,信息技术操作技能的掌握成为不可或缺的能力。信息技术的迅猛发展为教育带来了前所未有的改变,教师不仅需要具备基本的操作技能,还需不断更新和提升这些技能,以应对日益复杂的教学需求。

教师应掌握常用教育软件的操作技能,如在线教学平台、电子白板和学习管理系统。这些工具不仅可以帮助教师高效组织和管理课堂,还能促进师生互动,提高教学效果。在线教学平台的应用,尤其在远程教育中,已成为教师必备的技能之一。通过这些平台,教师能够实现实时授课、作业布置与批改、在线讨论等功能,极大地方便了教学活动的开展。

教师需熟悉多媒体制作工具,能够创建和编辑视频、音频以及图像,以丰富教学内容和提升学生的学习体验。这些工具的使用不仅能够使课堂更加生动有趣,还能帮助学生更好地理解和掌握知识点。例如,通过制作教学视频,教师可以将复杂的概念以更加直观的方式呈现,帮助学生进行自主学习。此外,利用音频和图像编辑工具,教师可以设计多样化的教学资源,为学生提供更为丰富的学习素材。这种多媒体资源的开发和应用,不仅提高了教学质量,也满足了不同学习风格学生的需求。

教师需掌握网络安全和信息保护的基本知识,确保在使用信息技术进行教学时,保障学生的个人信息安全。随着信息技术在教育中的广泛应用,网络安全问题日益凸显。教师在使用各类教育技术工具时,必须具备基本的网络安全意识,了解如何保护学生的个人信息,防范信息泄露风险。这不仅是对学生隐私的保护,也是对教师职业道德的基本要求。通过学习和掌握相关的网络安全知识,教师可以在信息技术的应用过程中,建立起一个安全、可信的教学环境,为学生营造良好的学习氛围。

二、教师教育软件与工具的应用

(一)教育软件的选择与使用

教育软件的选择与使用在教师继续教育中扮演着重要角色。教师在选择教育软件时,需要明确教学目标和学生需求,以确保所选工具能够有效地支持学习过程。这一过程不仅涉及对软件功能的评估,还需要考虑其是否能够促进学生的参与和互动。教育软件的选择应当与课程内容紧密结合，从而在教学中发挥最大效用。此外，软件的适应性也是选择的重要标准，教师应确保其能够适应不同的教学情境和学生群体。

在教育软件的选择过程中，教师需特别关注软件的用户友好性和技术支持。这不仅影响教师自身的使用体验，也直接关系到学生的学习效果。一个用户友好的软件界面可以降低教师和学生的学习曲线，减少在使用过程中可能遇到的困难。同时，强大的技术支持是确保软件在教学中顺利应用的关键。教师在选择软件时，应调查其技术支持的响应速度和解决问题的能力，以便在遇到技术问题时能够及时获得帮助。

选择教育软件时，兼容性和集成性是不可忽视的因素。教育软件应当能够与现有的教学资源和平台无缝衔接，以提高教学效率。教师在选择软件时，应当考虑其是否支持与其他教学工具的整合，以及是否可以在不同的设备和操作系统上运行。这种兼容性不仅能增强教学的连贯性，还能为教师和学生提供更为灵活的学习体验，进而提升整体教学效果。

(二)教育工具的集成与创新

随着信息技术的快速发展，教育工具的种类和功能不断丰富。这一趋势不仅推动了教学方式的改变，也对教师的教育技术应用能力提出了更高的要求。教育工具的集成旨在将不同的教育软件和平台整合到一个统一的系统中，以便教师能够更高效地管理教学资源、设计教学活动以及评估教学效果。集成的过程需要考虑工具之间的兼容性和互操作性，以确保不同工具能够协同工作，从而提高整体教学效率。

教育工具的多样化选择是教师在教学过程中面临的重要需求。不同的教学场景和学生需求要求教师能够灵活地选择合适的工具。例如，在面对不同学科、不同学习阶段的学生时，教师需要具备选择适合的教育工具的能力，以支持个性化学习和差异化教学。这种多样化选择不仅提高了教学的灵活性，也使教师能够更好地适应快速变化的教育环境。然而，面对如此多样化的工具，教师需要具备一定的技术素养和判断能力，以有效地选择和应用这些工具。

教育工具的整合能力在促进不同工具之间的协同工作中起着关键作用。通过有效地整合，教师可以实现资源的共享和信息的无缝传递，从而优化教学流程。整合能力不仅要求技术上的支持，也需要教师具备一定的整合思维和能力。通过整合，教师可以将不同教学资源和工具有机结合，形成一个完整的教学体系，提高教学的连贯性和系统性。整合能力的提升需要教师不断学习和适应新的技术和工具,以确保教学的高效性和现代化。

三、教师在线教学平台的掌握

(一)在线教学平台的功能熟悉

在现代教育环境中,教师在线教学平台的掌握需求日益凸显。教师需熟悉在线教学平台的基本功能,如课程创建、学生管理和作业发布,以便高效组织教学活动。这些基本功能是教师在数字化教学中不可或缺的技能。课程创建功能允许教师根据教学目标和学生需求设计和组织课程内容,确保教学活动的系统性和连贯性。学生管理功能则帮助教师跟踪学生的出勤、参与度和学习进展,从而提供个性化的指导和支持。作业发布功能则为教师提供了一种便捷的方式来布置和收集学生作业,确保教学活动的有效性和反馈的及时性。

教师应掌握在线教学平台的互动工具使用,包括实时聊天、讨论区和投票功能,以促进师生互动和课堂参与。这些互动工具不仅是教学活动的重要组成部分,也是提高学生参与度和学习效果的关键手段。实时聊天功能允许教师和学生在课堂上进行即时沟通,解决学生的疑问,促进互动交流。讨论区则为学生提供了一个课后交流的平台,鼓励学生分享观点和进行深度讨论。投票功能可以用于课堂调查和意见收集,帮助教师了解学生的学习状态和需求,从而调整教学策略。

教师需要了解在线教学平台的数据分析功能,能够利用学习数据进行学生学习效果的评估和反馈。数据分析功能为教师提供了深入了解学生学习过程和效果的工具,帮助教师识别学生的学习困难和优势。通过分析学生的学习数据,教师可以制订有针对性的教学计划和干预措施,提高教学的针对性和有效性。此外,数据分析还可以帮助教师进行教学反思,优化教学策略和方法,以便更好地满足学生的学习需求。

教师应熟悉在线教学平台的内容共享功能,能够有效上传和管理教学资源,确保学生能够方便地访问学习材料。内容共享功能是在线教学平台的重要组成部分,教师可以通过该功能上传课件、视频、音频和其他学习材料,丰富学生的学习资源。同时,教师还需具备管理这些资源的能力,确保资源的及时更新和有效组织,以便学生能够方便地查找和使用。此外,教师还应关注资源的版权问题，确保上传的教学材料符合相关法律法规的要求。通过有效的内容共享，教师可以为学生提供一个丰富的学习环境，支持学生的自主学习和持续发展。

（二）在线教学平台的互动技巧

随着技术的不断发展，教师需要熟练掌握各种在线互动工具，以增强课堂的参与感和互动性。实时互动工具如在线投票和问答功能，不仅能够激发学生的兴趣，还能促使他们积极表达自己的观点。这种互动方式打破了传统课堂的局限，使学生能够在一个相对轻松的环境中进行思考和表达。通过这种方式，教师不仅能更好地了解学生的思维方式，还能根据学生的反馈及时调整课程内容，提高教学的针对性和有效性。

通过小组讨论和分组活动，教师可以有效地促进学生之间的合作与交流。这种互动形式不仅能够提高学生的学习深度和广度，还能培养他们的团队合作能力和沟通技巧。在在线教学环境中，教师可以利用各种工具和平台，组织学生进行小组讨论和项目合作。这种方式能够激发学生的创造力，培养学生的批判性思维，促使他们在互动中不断反思和改进自己的学习方法。通过这种方式，学生能够在互相学习的过程中，逐步提高自己的综合能力和学术水平。

教师在在线教学中使用多媒体资源，如视频和动画，可以极大地丰富教学内容，吸引学生的注意力，并提升学习效果。多媒体资源的使用不仅能够使教学内容更加生动形象，还能帮助学生更好地理解和掌握复杂的知识点。在设计多媒体教学资源时，教师需要考虑学生的认知特点和学习需求，选择合适的素材和呈现方式，以达到最佳的教学效果。通过多媒体资源的合理应用，教师能够为学生创造一个丰富多彩的学习环境，激发他们的学习兴趣和动力。

四、教师教育数据处理与分析能力的提升

（一）数据收集与整理方法

在现代教育环境中，数据收集与整理有助于教师提升教育技术的应用能力。教师应掌握多种数据收集工具，如问卷调查、访谈记录和观察记录等。这些工具能够帮助教师全面获取学生学习情况的多维度数据，为教学决策提供科学依据。问卷调查可以快速收集大量学生反馈，访谈记录则能深入了解学生的个性化需

求，而观察记录则为教师提供课堂动态的直接证据。通过这些工具的综合运用，教师能够更准确地评估学生的学习效果和需求。

在数据整理过程中，教师需运用数据分类和编码的方法，对收集的数据进行系统化处理。分类方法可以帮助教师将数据按照不同的主题或特征进行分组，编码则能将定性数据转化为定量数据，便于后续的分析和应用。系统化的数据处理有助于提高数据的可读性和可操作性，使教师能够更加高效地进行数据分析。这一过程不仅提高了教师的数据处理能力，也为教育研究提供了坚实的基础。

教师应定期进行数据质量检查，以确保收集的数据准确、完整。这包括对数据的准确性、完整性和一致性进行验证，及时纠正可能出现的错误和偏差。数据质量的高低直接影响分析结果的可信度，因此，教师在数据处理过程中需保持严谨的态度。通过定期检查和修正数据，教师能够确保数据的高质量，为后续的分析和决策提供可靠的基础。

（二）数据分析与应用能力

在现代教育中，教师需掌握数据分析的基本方法，包括描述性统计、推论性统计和相关性分析，以便有效解读学生学习数据。这些统计方法为教师提供了科学的工具，使其能够从大量的教育数据中提取有意义的信息。描述性统计帮助教师总结和描述数据的基本特征，如平均值和标准差。而推论性统计则允许教师基于样本数据对更大群体进行推断。相关性分析则使教师能够探究不同变量之间的关系，从而更深入地理解学生的学习行为和结果。

教师不仅需要理解数据分析的基本方法，还必须能够根据数据分析结果制定针对性的教学策略，调整教学方法以满足学生的个体需求和学习风格。通过对学生学习数据的分析，教师可以识别学生在学习过程中的优势和劣势，从而制订个性化的教学计划。这种基于数据的教学策略有助于提高教学的有效性和针对性，确保每个学生都能在适合自己的节奏和方式下学习。此外，通过数据分析，教师还可以发现教学方法或课程设计中可能存在的问题，并及时进行调整和改进。

数据可视化是数据分析的重要组成部分，教师需了解如何利用数据可视化工具，将复杂的数据结果以图表或图形的形式呈现，提高数据解读的直观性和易懂性。数据可视化不仅可以帮助教师更好地理解数据，还可以使其更容易地向学生、家长和同事传达分析结果。通过使用图表、图形和其他可视化工具，教师可以将抽象的数据转化为具体的视觉信息，从而增强数据的说服力和影响力。这种直观的呈现方式能够帮助各方利益相关者更清晰地理解教育数据的含义和重要性。

第四节　教师专业成长与自我发展

一、专业知识的深化与更新

(一)学科专业知识的深入研究与持续学习

教师需定期参加学科相关的专业培训与研讨,以更新和深化对学科知识的理解和掌握。这不仅是为了适应快速变化的教育环境,更是为了提升自身的教学能力和学术水平。通过参加这些活动,教师能够接触最新的学术动态和教育理念,从而丰富自己的知识储备。此外,这些培训和研讨还为教师提供了一个交流和分享的平台,促进了同行之间的合作与学习。

在现代信息技术的支持下,教师应积极利用在线学习平台和资源,进行自主学习,拓宽学科知识的广度与深度。在线学习平台为教师提供了丰富的学习资源和灵活的学习方式,使教师可以根据自己的时间安排进行学习。这种学习方式不仅提高了学习的效率,也增强了教师的自主学习能力和自我管理能力。通过在线学习,教师能够及时掌握最新的学科动态和教学方法,从而更好地服务于教学实践。

跨学科学习是教师专业发展中的重要一环。通过跨学科的学习,教师能够理解不同学科知识的关联性,提升综合教学能力。这种学习方式有助于教师在教学中融会贯通不同学科的知识,从而培养学生的综合素养和创新思维能力。跨学科的学习还鼓励教师打破学科界限,以更开放的视角看待教学问题,探索新的教学方法和策略。

(二)教育理论知识的系统学习与实践应用

教育理论的基本框架与核心概念为教师提供了理解教育基本原则与实践指导的基础。在专业化背景下,教师不仅需要掌握教育理论的基本知识,还需将这些理论应用于实际教学中,以提高教育质量。教育理论的基本框架通常包括教育目的、教育内容、教育方法等方面,这些核心概念帮助教师在教学过程中形成清晰的教育理念,从而指导教学实践。在日常教学中,教师需要不断更新和深化教育理论知识,以适应快速变化的教育环境和学生需求。

教育理论与教学实践的结合是教师专业发展的关键。理论在实际教学中的应用和反思,不仅能提高教学效果,还能促使教师在教学过程中不断调整和改进教学策略。通过系统学习教育理论,教师可以更好地理解教学现象,分析教学问题,并探索有效的解决方案。此外,教育理论的学习还可以帮助教师在面对复杂的教学情境时,作出科学合理的判断和决策。教师在教学实践中应注重理论的反思与应用,以实现理论与实践的有机结合,从而推动自身的专业发展。

教师在教育理论学习中的角色转变,是从知识接受者到知识创造者与应用者的过程。在传统的教师教育中,教师往往被动接受教育理论知识,而在专业化背景下,教师需要主动参与到教育理论的研究与应用中,成为知识的创造者。通过参与教育理论的研究,教师可以深入理解教育理论的内涵,并在教学实践中进行创新应用。这种角色转变不仅提升了教师的专业素养,也促进了教育理论的发展。教师在学习过程中,应积极探索和实践教育理论,以实现知识的创造与应用。

教育理论的学习与应用,能够促进教师的自我反思与持续改进。在专业成长过程中,教师需要不断反思自身的教学实践,识别教学中的不足,并通过教育理论的指导进行改进。自我反思是教师专业发展的重要环节,能够帮助教师提升教学效能,实现专业成长。教育理论为教师提供了反思与改进的工具和方法,支持教师在持续的专业发展中,形成良好的教学风格和策略。

(三)前沿教育理念和动态的关注与了解

在当前快速变化的教育环境中,教师对前沿教育理念和动态的关注与了解显得尤为重要。教育理念的改变不仅影响教学内容和方法,也直接关系到学生的学习体验和发展。关注以学生为中心的教学理念,强调教师在教育过程中应尊重和满足学生的个体需求与兴趣。这种理念要求教师在教学设计和实施中,更多地考虑学生的背景、兴趣和能力差异,以便提供个性化的学习路径和支持。同时,教师还需不断更新自己的专业知识,以适应教育理念的变化和学生需求的多样化。

在探讨创新教育理念时,项目式学习和探究式学习等方法逐渐受到重视。项目式学习通过实际项目的实施,帮助学生在真实情境中应用所学知识,而探究式学习则鼓励学生通过提出问题、进行研究和反思来构建知识。教师在此过程中扮演着引导者和协作者的角色,他们需要灵活运用多样化的教学方法,以激发学生的好奇心和创造力。这不仅要求教师具备扎实的专业知识,还需具备创新思维和实践能力,以便在教学中有效实施这些理念。

在全球化背景下,教育理念在不断演变。教师需要培养学生的国际视野与跨文化理解能力，以适应全球化时代的需求。这一目标要求教师不仅要了解不同文化和教育体系的特点，还需能够将这些知识融入日常教学中。通过多样化的课程设计和教学活动，教师可以帮助学生拓宽视野，增强他们在全球化社会中的竞争力和适应能力。

探索教育技术的最新发展是教师专业成长中不可忽视的一环。随着科技的进步，教育技术在教学中的应用日益广泛，教师应积极了解和应用新兴技术工具，以提升教学效果和学生的学习体验。无论是通过在线平台进行远程教学，还是利用数据分析工具进行个性化学习，教育技术都为教师提供了丰富的资源和方法。然而，这对教师的技术素养提出了更高的要求，他们需要不断学习和适应新技术，以便在教学中有效利用这些工具，最大限度地提高教学质量和提升学生的学习效果。

二、教育研究能力的提升

(一)教育研究方法的掌握与运用

在专业化背景下，教师继续教育的重要目标之一是提升教师的教育研究能力。教育研究方法的掌握与运用是实现这一目标的关键。教师需要熟悉各种研究方法，以便在教育实践中进行有效的研究和反思。通过系统的学习和实践，教师可以掌握如何选择和运用适合的研究方法，从而在教育教学中发现问题、分析问题并提出解决方案。这不仅有助于教师自身的专业成长，还能推动教育实践的改进和发展。

教育研究方法主要分为定性研究、定量研究和混合方法研究三种基本类型。定性研究强调对教育现象的深度理解，适用于探索性研究和个案分析；定量研究则注重数据的统计分析，适用于验证性研究和大规模调查；混合方法研究结合了定性和定量研究的优势，能够提供更为全面的研究视角。教师在选择研究路径时，应根据研究问题的性质和研究对象的特点，合理选择和运用这些方法，以确保研究的科学性和有效性。

教育研究的设计是研究成功的基础。教师需要掌握研究设计的基本原则，以确保研究的科学性和可靠性。首先，研究问题的明确性是研究设计的核心，教师必须清晰地界定研究问题，以便确定研究的方向和范围。其次，研究对象的选择应具有代表性和适切性，以确保研究结果的普遍性和适用性。此外，数据收集的有效性直接影响研究的质量，教师需要选择合适的数据收集方法和工具，以获取准确和可靠的数据支持。

制定有效的研究工具是教育研究的关键步骤。问卷、访谈大纲和观察记录是常用的教育研究工具，教师需要学习如何设计这些工具，以便于系统地收集和分析教育数据。问卷设计应注重题目的清晰性和简洁性，确保受访者能够准确理解和回答。访谈大纲需要涵盖研究的核心问题，并预留灵活的空间以便深入探讨。观察记录则要求教师具备敏锐的观察能力和翔实的记录技巧，以捕捉教育活动中的关键细节。

教育研究中的伦理问题是教师在研究过程中必须重视的方面。知情同意是研究伦理的基础，教师应确保参与者充分了解研究的目的、过程和可能的影响，并在自愿的基础上参与研究。参与者的隐私保护也是研究伦理的重要内容，教师应采取措施保护参与者的个人信息不被泄露或滥用。此外，研究结果的公正性要求教师客观地分析和报告研究数据，避免任何形式的偏见和歪曲，以维护研究的道德标准和社会责任。

（二）教育课题的选题与设计

教育课题的选题与设计能力在教师专业发展中占据重要地位。选题是研究的起点，直接影响研究的方向和价值。

首先，明确教育课题的研究目的至关重要，这不仅能确保选题具有实际意义和可行性，还能为教育实践提供切实可行的指导。研究目的的明确性可以帮助研究者在复杂的教育环境中保持清晰的研究方向，避免盲目跟风和资源浪费。通过对教育实践中的实际问题进行深入分析，研究者能够更好地理解教育现象，从而提出具有创新性和实用价值的研究课题。

其次，结合当前教育热点和政策导向，选择具有前瞻性和创新性的研究主题，是提升教育研究能力的一个关键因素。教育政策的变化和社会需求的转变为研究者提供了丰富的选题资源。通过对政策文件和教育趋势的分析，研究者可以发现潜在的研究领域，并在此基础上提出新的研究视角。这不仅有助于推动教育理论的发展，也能为教育实践提供新的解决方案。前瞻性和创新性选题的提出，需要研究者具备敏锐的观察力和深刻的洞察力，以便在动态的教育环境中抓住机遇，推动教育研究的不断进步。

再次，考虑目标受众的需求，确保课题设计能够为特定群体提供有效的教育解决方案，是教育研究设计的重要环节。不同的教育群体有着不同的需求，研究者需要在课题设计中充分考虑这些差异，以确保研究成果的实用性和针对性。通过对目标受众的深入了解，研究者可以更好地设计研究方法和工具，以获得更具针对性和实用性的研究结果。这种以受众为导向的研究设计，不仅提高了研究的应用价值，也增强了研究成果的社会影响力。

从次，制定合理的研究框架，包括研究问题、假设、方法和预期结果，是指导研究实施的重要步骤。一个清晰而系统的研究框架能够帮助研究者在复杂的研究过程中保持方向感和系统性。研究问题的明确性和假设的合理性是研究成功的基础，而方法的科学性和预期结果的可验证性则是研究质量的保证。通过系统的研究框架，研究者能够有效地组织和实施研究活动，确保研究的严谨性和科学性。

最后，确保课题设计的可操作性，考虑时间、资源和技术的可用性，是支持研究顺利开展的关键。研究者需要在课题设计阶段充分评估可用资源和技术条件，以便在研究过程中合理分配时间和资源。通过对研究过程的细致规划，研究者可以有效地应对可能出现的挑战和困难，确保研究的顺利进行。可操作性的设计不仅提高了研究的效率，也为研究成果的推广和应用奠定了坚实的基础。

（三）教育研究成果的撰写与发表

在专业化背景下，教师不仅需要具备扎实的教学能力，还需具备一定的研究能力，以推动教育实践的理论化和系统化。

1.良好的学术写作能力

撰写高质量的教育研究成果，要求教师具备良好的学术写作能力，能够将复杂的研究过程和结果以清晰、简洁的语言进行呈现。同时，教师需要熟悉教育研究的基本结构，包括引言、文献综述、研究方法、结果分析和结论等部分的合理安排。合理的结构不仅有助于读者理解研究的核心内容，也能有效展示研究的逻辑性和严谨性。

2.语言的准确性与逻辑性

教师在撰写教育研究成果时，应注重用词的准确性和表达的逻辑性，以确保研究成果的清晰表达和易于理解。这不仅提高了研究成果的可读性，也增强了信息传递的有效性。此外，教师还需掌握学术论文的引用格式和参考文献的规范，确保研究成果的学术性和可信度。正确的引用和文献管理不仅体现了研究的严谨性，也为读者追溯研究来源提供了便利。

3.优秀的数据呈现能力

在教育研究中,数据分析是支持研究结论的重要依据。教师应熟练运用图表和统计分析结果,以增强研究成果的可视化效果和说服力。数据的直观呈现不仅有助于读者理解研究结论,也能有效提高研究的科学性和可信度。通过合理的数据呈现,教师可以更有力地支持其研究假设和结论。

4.较强的沟通能力

教师需了解投稿流程和审稿要求,以便在研究成果完成后,能够顺利地进行投稿和发表。掌握不同期刊的投稿指南和审稿标准,教师可以更有针对性地修改和完善研究成果,提高发表的成功率。此外,积极参与学术会议,不仅有助于教师了解学术界的最新动态,也为其研究成果的推广和应用提供了平台。通过与同行的交流,教师可以获得更多的反馈和建议,进一步提高研究的质量和影响力。

三、专业发展规划与实施

(一)专业发展目标与定位的明确

明确的专业发展目标不仅能够为教师提供清晰的成长路径,还可以帮助他们在专业化背景下更好地适应教育变革的挑战。通过设定短期和长期目标,教师能够有计划地提升自己的教学能力和专业素养。这种目标的设定需要基于对自身专业优势与不足的深入分析,以便制定出切实可行的提升策略。这样,教师才能在不断变化的教育环境中保持竞争力,并为学生提供高质量的教育。

明确教师专业发展的目标和定位,不仅涉及个人职业生涯的规划,还需要结合教育政策和学校的发展需求。教师在学校团队中的角色定位,应当与个人的专业发展目标相一致,以促进团队协作与共同成长。这种角色定位的明确性,是专业发展规划成功实施的关键因素之一。通过与学校发展目标的对接,教师不仅能在个人成长中找到方向,也能在集体中发挥更大的作用,从而实现个人与学校的双赢。

设定专业发展评估标准是确保教师持续进步的有效手段。通过定期的反思与调整,教师能够不断优化自己的发展目标,以适应教育环境的变化。专业发展评估不仅是对教师过去工作的总结,还是未来发展的指南。它帮助教师在专业成长的道路上保持方向的正确性，确保其所制定的策略能够有效地促进专业素养的提升。

参与专业发展活动与培训是教师拓宽视野和知识的重要方式。在专业化背景下，教师需要不断更新自己的知识储备，以应对教育领域的新挑战。这些活动和培训不仅提升了教师的教育竞争力，也增强了其在教育领域的影响力。通过与同行的交流和学习，教师可以获取更多的教学资源和方法，从而在教学实践中不断创新和突破。

（二）专业发展规划与实施方案的制订

在专业化背景下，教师的专业发展规划与实施方案的制订是教师继续教育的重要环节。制订系统的专业发展计划是实现目标的关键步骤。这一计划应包括参与培训、进修课程和学术交流等具体活动安排，以确保教师能够持续学习和能力提升。通过参与多样化的培训项目和学术活动，教师可以接触最新的教育理论和实践方法，拓宽自己的视野。同时，计划的制订还应考虑教师的时间和精力分配，以便在繁忙的教学工作中合理安排学习活动，确保计划的可行性和有效性。

在专业发展过程中，建立自我评估机制是至关重要的。教师应定期反思专业发展过程中的成果与不足，以便及时调整和优化发展策略。通过自我评估，教师可以更清晰地了解自己的进步情况，识别出需要改进的领域，并据此调整学习计划，确保专业发展的方向和策略始终与自身的需求和目标保持一致。自我评估不仅是对过去的总结，更是对未来发展的指引。

促进同行间的合作与交流是专业发展规划的重要组成部分。建立教师学习共同体，通过团队学习和经验分享，可以显著增强专业发展效果。在共同体中，教师可以分享各自的经验和见解，互相学习和支持，形成良好的学习氛围和合作关系。这样的合作不仅有助于解决教学中的实际问题，还能激发教师的创新思维，提高教师的实践能力，推动整体教育质量的提高。

（三）专业发展过程的自我监控与调整

1. 建立个人学习档案

教师需要在专业成长的各个阶段保持对自身发展的清晰认知，以确保其发展路径的有效性和适应性。建立个人学习档案是实现这一目标的基础，通过详细记录专业发展过程中的学习活动和成果,教师可以更好地反思自己的学习历程。这种档案不仅是对过往努力的总结,也是未来规划的重要参考。通过系统的记录,教师能够识别出自身在专业成长中的优势与不足,从而在后续的教育实践中进行有针对性的改进。

2.定期进行自我评估

通过分析自身在不同阶段的进步与不足,教师可以确保其发展目标与实际需求相符。这种自我评估不仅帮助教师明确当前的发展状况,也为其提供了调整方向的重要依据。在评估过程中,教师应关注自身能力的提升以及在教育实践中的应用效果,以便及时修订其专业发展计划。灵活的调整策略是实现持续发展的关键,教师需要根据实际情况的变化,动态调整其发展目标和路径,以保持专业成长的灵活性和适应性。

3.与同行建立反馈机制

通过定期收集同事或学生的意见和建议,教师可以获得外部视角的反馈,从而更全面地了解自身的专业发展状况。这种反馈机制不仅有助于教师识别自身的不足之处,也为其提供了宝贵的改进建议。在与同行的互动中,教师可以分享经验、交流心得,从而在专业成长的道路上获得更多的支持和启发。通过这种协作与交流,教师不仅可以提高自我监控的有效性,还能在集体智慧的支持下更好地实现自我调整。

4.利用专业发展工具和资源

教师需要定期更新自身的知识和技能,以应对教育环境的不断变化。通过借助各种专业发展工具,如在线课程、学术研讨会和专业书籍,教师可以获取最新的教育理论和实践经验。这些资源不仅为教师提供了丰富的学习机会,也为其在自我监控过程中提供了必要的支持和指引。通过不断的学习和更新,教师能够在专业发展过程中保持对教育前沿的敏锐感知,从而更好地实现自我监控与调整。

四、反思与自我评估能力的培养

(一)教学实践的反思与总结

通过反思,教师能够更深入地理解自己的教学行为及其对学生学习的影响。

教师应定期进行教学反思，分析课堂教学的成功与不足，以便于改进教学策略和方法。这不仅有助于教师更好地适应不断变化的教育环境，还能提升其教学效能。反思的过程需要教师对课堂中出现的问题进行深入分析，从而找到改进的路径。通过这样的持续反思，教师能够在实践中不断提升自己的教育能力，实现自我发展。

通过记录和总结教学实践中的关键事件，教师可以识别影响学生学习的因素，进而优化教学设计。关键事件的记录不仅有助于教师在日常教学中积累经验，还为其提供了一个系统分析教学过程的机会。这种分析能够帮助教师更好地理解学生的学习需求和学习过程中的障碍，从而在教学设计中作出更为精准的调整。教师在总结过程中，应关注不同教学策略的实施效果，识别哪些方法最能促进学生的理解和参与度，并在未来的教学中加以应用。

教师应运用同行评议和学生反馈机制，获取外部视角，以丰富反思的深度和广度。同行评议让教师能够从其他教育工作者的角度审视自己的教学实践。通过与同行的交流，教师可以获得新的教学理念和方法，并反思自身的教学实践中可能存在的盲点。同时，学生反馈直接反映了教学效果，教师应认真分析学生的反馈意见，以了解学生的真实学习体验。

建立个人反思日志，教师可以系统地记录教学过程中的观察和思考，促进持续的专业成长。日志不仅是记录教学活动的工具，更是教师自我反思的重要载体。通过书写日志，教师能够更清晰地整理自己的教学思路，识别教学中的问题和挑战，并思考可能的解决方案。日志的回顾也能帮助教师追踪自己的成长轨迹，明确未来的学习和发展方向。在这样的反思过程中，教师的教学能力和专业素养都能得到显著提升。

（二）自我评估与诊断

自我评估不仅能够帮助教师识别教学过程中的强项与弱项，还能为制订有针对性的改进计划提供依据。通过定期的自我评估，教师可以对自身的教学实践进行系统化的反思与分析，从而在专业成长的道路上取得实质性的进步。教学日志和反思性问卷是常用的自我评估工具，它们能够帮助教师记录教学过程中的关键事件和反思点，进而形成对自身教学行为的全面认识。

教师在自我评估过程中，应主动掌握和运用多种评估工具和方法，以便更为准确地分析自己的教学实践。这种技能的提升，不仅要求教师具备基本的分析能力，还需要他们能够从多角度、多层次对自身教学进行诊断。通过这种系统化的评估,教师可以更清晰地识别出需要改进的领域,并制定相应的提升策略。在这个过程中,教师应建立个人学习目标,依据自我评估的结果,设定具体的提升方向和阶段性目标,确保专业成长的持续性和有效性。

同行评议作为一种重要的反馈机制,可以为教师提供宝贵的外部视角。通过同行评议,教师能够获得关于自身教学实践的客观反馈,这种反馈结合自我评估的结果,将有助于教师形成更为全面的教学改进策略。同行评议不仅是一种评估方法,更是一种促进教师之间交流与合作的有效途径,能够在一定程度上推动教师专业群体的共同进步。

教师应定期回顾自我评估的效果,调整评估标准和方法,以确保其适应性和有效性。自我评估并不是一成不变的过程,而是需要根据教学环境和个人发展的变化进行调整。通过不断的反思和调整,教师可以更好地适应教育环境的变化,提升自身的教学能力和专业素养。这一过程不仅是教师个人发展的需要,也是提高教育质量、促进学生全面发展的重要保障。

第三章　专业化背景下教师继续教育的模式与路径

第一节　校本培训与研修的实践模式

一、校本培训的组织形式与实施策略

（一）组织形式分类

1. 集中式校本培训

集中式校本培训是当前较为普遍的一种形式，通常由学校或教育机构统一组织，围绕特定主题或技能进行培训。这种模式的优势在于便于统一安排和管理，能够在短时间内提升教师的专业素养。然而，其局限性在于缺乏针对性，难以满足教师个性化的发展需求。相较之下，分散式校本培训则更加灵活，教师可以根据个人的需求和兴趣，自主选择不同的培训项目。这种模式的灵活性使教师能够在多样化的学习资源中找到最适合自己的发展路径，然而，分散式培训也可能导致培训效果的分散，缺乏系统性和连续性。

2. 协作式校本培训

协作式校本培训强调教师之间的团队合作和互助学习。通过这种方式，教师可以在集体参与的过程中分享经验，促进集体成长。协作式培训不仅有助于增强教师团队的凝聚力，还能够通过合作学习的方式实现知识的共同建构。然而，协作式培训的实施需要良好的组织和协调能力，以确保每位参与者都能在培训中获得实际的收益。线上校本培训的兴起，为教师继续教育提供了新的可能性。通过网络平台，教师能够突破时间和空间的限制，获取丰富的学习资源和多样化的互动方式。

（二）实施策略要点

在实施校本培训的过程中，明确培训目标与内容是至关重要的。只有当培训

的目标与教师的实际需求紧密结合时，才能提高培训的针对性和有效性。教师继续教育的目标应当根据教师的专业发展阶段、学科特点以及学校的教育目标进行设定。内容的选择需涵盖教师在教学实践中遇到的实际问题，帮助教师解决教学难题，提升其专业能力。此外，培训内容的设计应考虑教师的职业发展路径，使其能够在培训中获得与其职业发展相关的知识与技能。这种明确的目标和内容的结合，不仅能提高教师的参与度，还能确保培训的实际效果。

建立反馈机制是校本培训中不可或缺的环节。通过定期评估和教师反馈，可以持续改进培训的内容与形式，增强培训的可持续性。评估的方式可以多样化，包括问卷调查、访谈、课堂观察等，以全面了解培训的效果和教师的需求。教师的反馈则是调整培训的重要依据，它能反映出培训中存在的问题以及教师的真实感受。通过对反馈的分析，培训组织者可以更有针对性地调整培训方案，确保培训能够持续满足教师的需求，并不断提高培训的质量。

在校本培训中，鼓励教师自主学习与反思是提升培训效果的重要策略。提供多样化的学习资源，可以支持教师在培训中发挥主动性与创造性。教师可以通过阅读专业书籍、参加在线课程、观看教学视频等方式进行自主学习。同时，反思是教师专业成长的重要途径，通过自我反思，教师可以更深入地理解自身教学中的优势与不足。学校可以通过组织反思性讨论、撰写反思日志等形式，促进教师的反思活动，使其在反思中不断提升自己的教学水平。

二、校本研修的内容设计与课程开发

(一)内容设计原则

内容设计必须紧密结合教师的实际教学需求，确保所设计的课程能够有效解决教师在教学过程中遇到的具体问题。教师在教学实践中面临的挑战多种多样，因此，课程内容应具有针对性和实用性。通过深入调研教师的日常教学活动，了解他们的需求和困难，设计出能够直接应用于课堂的课程内容，从而提升教学效果和教师的职业满意度。

内容设计应注重教师的专业发展，围绕教师的职业生涯阶段，提供相应的支持与指导，促进其持续成长。教师的职业生涯通常分为不同阶段，每个阶段都有其特定的需求和发展目标。因此，校本研修的课程设计应根据教师所处的职业阶段，提供量身定制的支持与指导。通过针对性的课程设计，帮助教师在不同阶段实现专业能力的提升，满足其职业发展的需要，并激励他们在教育领域不断探索和创新。

在校本研修的内容设计中，必须考虑多样化的学习方式与评估手段，鼓励教师在不同的学习环境中探索与创新，提升其自主学习能力。传统的学习方式往往过于单一，难以满足教师多样化的学习需求。因此，研修课程应结合线上线下学习、个体与小组学习等多种方式，提供丰富的学习体验。同时，设计多元化的评估手段，以便更全面地评估教师的学习效果和进步情况。这种多样化的学习与评估方式，不仅能增强教师的学习兴趣，还能促进其自主学习能力的提升。

校本研修的内容设计应关注教师的心理需求和情感支持，营造良好的学习氛围。教师在职业发展过程中，常常面临来自工作、生活等多方面的压力，因此，课程设计应考虑教师的心理健康和情感支持。通过提供心理辅导、情感交流等支持措施，帮助教师缓解压力，增强职业认同感和归属感。良好的学习氛围不仅有助于提升教师的学习效果，还能激发他们的内在动力，推动其在教育事业中不断进步。

(二)课程开发流程

课程开发流程的设计直接影响教师继续教育的效果。课程开发流程通常包括需求分析、目标设定、评估反馈等步骤。通过系统化的流程设计，确保课程的各个环节都有据可循，形成闭环管理。

1.需求分析

在需求分析阶段，充分调研教师的实际需求和职业发展阶段，明确课程目标，以此为基础进行内容设计。在实施过程中，灵活运用多种教学策略，结合理论与实践，确保课程的实用性和针对性。评估反馈机制则作为课程开发流程的最后一环，反思和总结课程的优缺点，为后续课程的优化提供依据。

2.目标设定

设定清晰的课程目标有助于指导课程内容的选择和教学方法的设计。课程目标应与教师的实际需求和职业发展阶段相匹配，以增强课程的实用性和针对性。课程目标的设定需要综合考虑教师的专业发展需求、学校的教育目标以及教育政策的导向。通过明确的课程目标，教师能够更好地理解课程的核心内容和学习方向，从而提高学习的积极性和效果。同时，课程目标的设定为后续的评估标准提供了重要的依据。

3.评估反馈

评估标准应涵盖教师学习成果和课程效果的各个方面，通过定期评估，及时发现课程实施中的问题和不足。反馈机制则为教师提供了反思和改进的机会，通过收集教师的学习反馈，课程开发团队可以持续优化课程内容和教学方法。评估与反馈不仅是课程结束后的总结，更是贯穿课程实施全过程的动态调整工具。合理的评估标准和有效的反馈机制，能够促进教师的持续发展和课程的不断完善。

三、校本培训与研修的教师参与机制

(一)参与激励措施

在教师继续教育过程中，参与激励措施可以促使教师积极参与校本培训与研修。为了提升教师的参与度，建立多元化的激励机制显得尤为关键。

1.采用物质奖励

物质奖励作为一种直接的激励方式，可以有效地增强教师的参与积极性。通过提供奖金、补贴或其他形式的物质奖励，能够直接满足教师的经济需求，从而激发其参与热情。此外，精神激励同样不可或缺。通过表彰、荣誉称号或其他形式的精神激励，能够提升教师的自我价值感和职业成就感，进而增强其参与的内在动力。

2.提供专业发展机会

通过为教师提供参加外部培训、学术会议等机会，可以拓宽教师的视野，提升其专业素养。这种外部学习经历不仅能够丰富教师的知识和技能，还能增强其职业认同感和发展动力。通过与外界的接触和交流，教师能够更好地理解教育发展的趋势和需求，从而在校本培训与研修中更具主动性和创造性。

3.设立教师参与校本培训的评选机制

通过定期评选和表彰在校本培训中积极参与和表现优秀的教师，可以营造良好的学习氛围。这种机制不仅能够激励教师参与，还能够树立榜样，形成良好的示范效应。在评选过程中，应注重公平和透明，确保评选结果能够真正反映教师的参与和贡献，从而进一步激发教师的学习热情和积极性。

(二)参与反馈渠道

有效的反馈机制不仅能帮助教师反思自身的教学实践,还能推动培训内容和形式的不断改进。

1. 建立定期的教师反馈会议

通过定期的反馈会议,教师可以分享他们在培训和研修中的体验与建议,这不仅有助于教师之间的相互学习,还能促进培训组织者根据教师的实际需求调整培训策略。此外,反馈会议也为教师提供了一个平台,使他们能够表达对培训内容的看法,从而在集体讨论中激发新的教学思路。

2. 利用在线问卷和调查工具

在线问卷和调查工具的使用不仅简化了数据收集的过程,还能确保反馈的匿名性和保密性,从而提高反馈的真实性。教师可以在不受身份暴露的情况下自由表达他们的真实想法和感受,这对于校本培训的改进具有重要意义。通过分析这些反馈数据,培训组织者能够更好地了解教师的需求和期望,从而制订出更具针对性的培训计划,提高培训的有效性和教师的满意度。

3. 设立教师反馈邮箱或平台

反馈邮箱或平台不仅提供了一个便捷的反馈渠道,还鼓励教师在任何时间、任何地点提交他们对培训内容和形式的意见。通过这种方式,教师能够及时反映他们在培训过程中遇到的问题和困难,同时提出可能的解决方案。这种持续的反馈机制有助于创建一个动态的培训环境,使培训内容能够及时更新和调整,以适应教师的实际需求。

四、校本培训与研修的资源支持与保障

(一)资源配置策略

1. 明确资源配置的优先级

明确资源配置的优先级,意味着在有限的资源条件下,学校需要优先考虑那

些最能提升教师专业能力的培训项目和活动。通过科学的资源配置,学校可以确保这些关键项目得到充足的支持,从而有效地促进教师的成长和发展。此外,资源配置的优先级不仅是对项目和活动的选择,还包括对时间、人力以及物质资源的合理安排,以最大化地发挥其效用。

2.建立资源共享机制

通过资源共享机制,学校之间可以共享培训资源、教材和专家,从而避免资源的浪费和重复投入。这种共享不仅有助于提升教师培训的质量,还能促进学校之间的交流与合作,形成良好的教育生态环境。资源共享机制的建立需要政策支持和技术平台的支撑,以确保资源在不同学校之间的流动性和可获得性,从而使每一位教师都能受益于高质量的培训资源。

3.设立专项资金支持

专项资金的设立为教师参与培训提供了必要的经济支持和保障,使他们能够在无后顾之忧的情况下,专注于自身的专业发展。这些资金可以用于支付培训费用、购买教学材料、邀请专家讲座等方面,确保培训活动的顺利进行。资金的有效使用不仅能提高培训的质量和效果,还能激励教师积极参与培训,从而形成良好的学习氛围。

4.利用信息技术平台

通过信息技术平台,学校可以提供丰富的在线学习材料和工具,为教师提供随时随地学习和交流的机会。这种灵活的学习方式不仅能够打破时间和空间的限制,还能满足教师个性化的学习需求。信息技术的应用为校本培训与研修提供了新的可能性,使教师能够在繁忙的工作之余,继续提升自己的专业素养和教学能力。这种技术与教育的深度融合,是未来教师继续教育发展的重要趋势。

(二)保障措施分析

1.建立教师继续教育的制度保障

建立教师继续教育的制度保障,需要各级教育行政部门对校本培训与研修活动给予足够的支持和重视。通过制定相关政策和法规,形成规范化的管理体系,能够有效推动校本培训的开展。这不仅能为教师提供持续发展的机会,还能提高教育质量，提升教学效果。制度保障的建立，要求教育部门在政策层面上不断完善和创新，以适应不断变化的教育需求和教师发展的实际需要。

2.制定标准化流程

一个系统化、标准化的流程可以确保各项培训活动有章可循，避免因组织不当而导致的资源浪费和效果不佳。通过明确培训的目标、内容、方法和评估标准，培训组织者可以更好地协调各方资源，合理安排培训时间和内容，从而提高培训的整体质量。标准化流程的建立，也有助于在不同学校之间分享成功经验，促进校本培训的不断完善和发展。

3.完善校本培训与研修的评估与监督机制

定期对培训效果进行审查，有助于及时发现问题并进行调整，确保培训活动的质量和教师的参与积极性。评估机制的设计，应包括对培训内容的适切性、培训方法的有效性以及教师在培训后的实际应用能力的考察。通过多维度的评估，能够全面了解培训的实际效果，为后续培训的改进提供科学依据。同时，监督机制的建立，能提高教师参与培训的积极性和主动性。

4.提供必要的技术支持与平台保障

现代信息技术的应用，不仅可以丰富培训的形式和内容，还能促进资源的高效利用。通过搭建在线培训平台，教师可以随时随地进行学习，提高培训的灵活性和覆盖面。此外，信息技术的应用，也能为培训的评估和反馈提供便捷的渠道，进一步推动校本培训质量的提高。

第二节　网络环境下的远程教育模式

一、在线课程的设计与开发

(一)课程内容的选择

1.紧密围绕教师的实际教学需求

课程内容要能与教师的日常教学活动相结合，还需针对教师在课堂中遇到的具体问题提供有效的解决方案。通过这样的设计，教师能够在学习过程中直接应用所学知识，增强教学的实用性和有效性。

2. 涵盖最新的教育理论和实践

教师继续教育的一个重要目标是帮助教师更新其知识结构，以适应不断变化的教育环境。通过引入最新的教育研究成果和教学方法，教师能够在教学中保持前沿性，从而提高教学质量和学生的学习效果。这种知识更新不仅有助于教师个人的专业发展，也对整个教育体系的进步具有积极的推动作用。

3. 采用多样化的学习方式

不同的教师具有不同的学习风格和需求，因此课程内容应提供多种学习途径，以满足这些差异化需求。通过多样化的学习方式，教师能够根据自己的学习偏好选择适合的学习路径，从而促进个性化发展。这种个性化的学习体验能够激发教师的学习兴趣，增强学习动机。

（二）课程结构的设计

在网络环境下的远程教育模式中，课程结构的设计可以确保教师继续教育的有效性。课程结构应当合理划分为理论学习与实践应用两个模块。理论学习模块旨在帮助教师掌握最新的教育理论和教学方法，而实践应用模块则侧重于将所学理论知识应用于实际教学情境中。通过这种模块化设计，教师不仅能够深入理解理论概念，还能在实践中检验和巩固所学知识，从而提升教学效果。

模块化课程结构的设计为教师提供了更大的学习灵活性和针对性。教师可以根据自身的教学需求和职业发展规划选择不同的学习模块，这种选择性学习模式不仅提高了学习的自主性，还能更好地满足教师个性化的学习需求。此外，模块化设计还可以根据教师的专业发展阶段进行动态调整，使课程内容始终保持与教育实践的前沿发展同步。

为了确保课程学习的有效性，课程结构中应引入阶段性评估机制。在每个模块的学习过程中设置定期的知识测试和反馈环节，帮助教师及时了解自己的学习进度和成效。这种评估机制不仅能够激励教师持续学习，还能帮助他们识别学习中的薄弱环节，从而进行有针对性的学习和改进。同时，教师可以通过反馈环节与课程设计者进行互动，提出建议和意见，进一步优化课程设计。

课程结构应包括资源支持部分，为教师提供必要的学习资料、工具和平台。

在网络环境下，丰富的学习资源和便捷的工具是保障教师学习顺利进行的重要因素。通过提供多样化的学习资源，如视频讲解、案例分析和在线讨论等，教师可以在学习过程中获取全面的支持与指导。此外，在线平台的使用也为教师提供了便捷的学习环境，促进了教师之间的交流与合作，推动了教师专业发展的持续进步。

二、虚拟学习社区的构建与管理

(一)社区平台的选择

1.易用性

选择一个易于使用的在线平台是确保教师能够快速上手并进行有效互动的基础。这样的平台不仅要具备直观的用户界面，还应当支持多种设备，以适应不同教师的使用习惯和需求。平台的设计应当考虑教师的技术水平差异，提供简单明了的导航和操作指南，以降低学习曲线，促进教师间的积极互动和知识共享。

2.技术支持和稳定性

一个平台若频繁出现技术故障，将严重影响教师的使用体验和教学效果。因此，平台供应商应提供及时的技术支持服务，以快速解决教师在使用过程中遇到的各种问题。同时，平台的稳定性应通过严格的测试和验证，以确保在高并发的情况下依然能保持流畅运行，从而为教师和学生提供一个可靠的学习环境。

3.功能多样性

评估平台的功能多样性是满足不同教学需求的关键。优秀的社区平台应当支持视频会议、讨论区、资源共享等多种功能。这些功能不仅丰富了教学手段，也为教师提供了更灵活的教学方式。视频会议功能支持实时互动和远程教学，讨论区功能促进教师间的思想交流和经验分享，而资源共享功能则方便教师上传和下载教学资料，提高了教学资源的可达性和利用率。

4.安全性

在信息安全日益受到关注的今天，确保平台具有良好的安全性和隐私保护措施是选择平台的重要标准。平台应采用先进的加密技术来保护教师和学生的信息安全,防止数据泄露和未经授权的访问。同时,平台应遵循相关的法律法规,制定明确的隐私政策,以保障用户的合法权益。只有在安全可靠的环境中,教师和学生才能放心地投入教学和学习活动中。

(二)学习活动的组织

在网络环境下,学习活动的有效组织不仅能提升教师的参与度,还能促进其专业能力的提升。

1.制定清晰的学习活动目标

目标的设定需与教师的专业发展需求紧密结合,确保每项活动都能促进实际应用。这种目标导向的活动设计能够帮助教师在具体教学情境中应用所学知识,提升教学效果。

2.充分利用在线平台功能

利用在线平台的功能,教师可以参与多种实时互动活动,如在线问答和直播讲座。这些活动不仅丰富了学习形式,还增强了教师的学习体验。通过实时互动,教师可以及时获得反馈,解决教学中的疑惑。同时,这种互动形式有助于教师之间的交流与合作,形成互助互学的学习氛围。

3.定期组织教师分享会

分享会为教师提供了一个展示和交流的平台,鼓励教师分享各自的教学经验和学习成果。这种分享不仅能促进知识的交流与传播,还能激发教师的创新思维,推动教学实践的改进。通过分享,教师可以获得同行的支持和建议,进一步完善自己的教学策略。

(三)社区成员的互动

在虚拟学习社区中,社区成员的互动是提高教育质量和提升学习效果的关键因素。

1.设定主题讨论区

通过设定主题讨论区,教师可以在这些讨论区内分享自己的观点和经验,从而增强社区的互动性。这种在线讨论和协作的模式不仅促进了知识的分享，还能激发教师的创新思维，提升教学实践能力。主题讨论区的设立需要考虑教师的实际需求和兴趣点，以确保讨论的内容具有吸引力和实用性。通过这种方式，教师能够在互动中不断反思和改进自己的教学策略，进而推动整个教育社区的共同进步。

2.定期举办线上交流活动

为了进一步增强虚拟学习社区的学习氛围，定期举办线上交流活动是必不可少的。这些活动包括网络研讨会和圆桌讨论等形式，邀请专家和教师共同参与。通过这些活动，教师不仅可以获取最新的教育理论和实践经验，还能与同行进行深度交流，分享彼此的教学心得和挑战。这种形式的互动能够有效地提升教师的专业素养，并为他们提供一个展示自我和获取反馈的平台。此外，专家的参与也为教师提供了宝贵的指导和建议，帮助他们更好地应对教育过程中遇到的各种问题。

3.建立教师互助小组

建立教师互助小组是构建学习共同体的重要途径。在这些小组中，教师可以在特定领域内进行深入的交流和合作。这样的学习共同体能够为教师提供一个互相支持与成长的环境，帮助他们在专业发展道路上不断前行。通过互助小组，教师可以分享教学资源、讨论教学策略以及解决教学难题。这种合作学习的方式不仅能增强教师的专业能力，还能增强他们的团队合作精神和沟通能力，从而在教学实践中更好地服务于学生。

4.利用社交媒体平台

社交媒体平台为教师提供了非正式的交流渠道，这种渠道便于教师在日常生活中随时分享教学资源和经验。通过社交媒体，教师可以快速地获取同行的教学资源，了解最新的教育动态，并参与到实时的教育讨论中。非正式的交流方式打破了时间和空间的限制，使教师之间的互动更加灵活和多样化。社交媒体平台的即时性和便捷性为教师提供了一个开放的学习环境，促进了教育资源的共享和教学经验的传播。

三、网络学习资源的整合与共享

（一）资源分类与整理

通过对丰富多样的网络学习资源进行系统分类，教师可以更方便地选择和使用适合其教学需求的资源。网络学习资源的类型主要包括视频、文档、在线课程以及互动工具等。这些资源的多样性使教师可以根据具体的教学情境和目标，灵活地选择最合适的资源进行教学设计和实施。例如，视频资源可以用于生动展示复杂概念，文档资源则适合提供详细的理论支持，而在线课程和互动工具则能够增强学习的互动性和参与感。因此，合理的资源分类与整理不仅有助于提高教师的教学效率，也能有效地促进学生的学习效果。

为了确保网络学习资源的高效利用，建立资源库的标准化流程是必不可少的。资源库的标准化流程包括资源的审核、分类、标记和存储等步骤。通过严格的审核机制，确保所有资源的内容质量和适用性，从而提高资源的整体可用性和质量。分类和标记则有助于教师快速定位所需资源，而系统化的存储方式则保障了资源的长期可访问性和安全性。此外，资源库的标准化流程还应包括资源的版权管理，以保护资源创作者的合法权益，鼓励更多优质资源的开发和分享。

资源的时效性和相关性是教师继续教育中不可忽视的因素。为此，制定资源更新机制显得尤为重要。通过定期评估和更新学习资源，确保其内容始终与当前的教育发展趋势和教学需求保持一致。资源更新机制应包括对资源的全面评估，识别需要更新或替换的资源，并及时引入新的、具有前沿性的学习材料。这样不仅能够保持资源的时效性，还能帮助教师不断获取最新的教育理念和教学方法，提升其专业素养和教学能力。

建立资源使用统计与反馈系统对于资源的优化和改进具有重要意义。通过收集教师对各类资源的使用情况和效果评价，可以全面了解资源的实际应用效果。资源使用统计数据有助于识别哪些资源最受欢迎，哪些资源使用频率较低，进而为资源的改进提供依据。反馈系统则为教师提供了一个表达意见和建议的平台，帮助资源开发者更好地理解教师的需求和期望，从而不断优化资源的内容和形式，提升其教育价值和使用体验。

(二)资源共享

1.建立跨校资源共享平台

通过建立跨校资源共享平台，学校之间可以实现教学资源的互换与合作。这种平台能够打破学校之间的壁垒，促进优质资源的流动，从而提高整体教育质量。不同学校的教师可以在这个平台上分享各自的教学经验和资源，形成一个互通有无的教育生态系统。这种跨校合作的方式,不仅能够促进教师之间的专业成长,还能够为学生提供更加多样化的学习资源和机会。

2. 推动教师个人资源库的建设

教师在教学过程中积累了丰富的经验和资料,这些资源如果能够有效整合并共享,将极大地丰富教学资源网络。鼓励教师将自创的教学材料上传共享,不仅能够提高资源的利用率,还能够激发教师的创造力和创新能力。通过这种方式,教师可以在共享中学习,在学习中创新,形成一个良性循环的资源共享生态。这样不仅可以提高教师的教学水平,也能够为学生提供更为丰富的学习资源和更好的学习体验。

3. 设立资源共享激励机制

资源共享激励机制的设立是为了增强教师参与共享的积极性与主动性。通过评选优秀共享资源的教师,并给予一定的奖励和认可,可以激励更多的教师参与到资源共享的活动中来。这种激励机制不仅能够提高教师的参与热情,还能够促进教师在资源共享中的创新和探索。通过这种方式,教师的教学成果能够得到更广泛的认可和传播,从而促进教育资源的优化配置和合理利用,提高整体的教育质量。

4. 定期举办资源共享研讨会

定期举办资源共享研讨会是促进教师之间交流与合作的有效途径。通过研讨会,教师可以分享各自的教学经验和资源使用心得,提高资源的使用效率和创新性。这种面对面的交流,不仅能够增进教师之间的了解和信任,还能够为资源共享提供新的思路和方法。通过研讨会,教师可以在交流中获得新的启发和灵感,从而更好地利用共享资源,提高教学效果。

四、远程教育中的互动与协作

(一)互动教学方法

1. 采用翻转课堂模式

通过翻转课堂,教师可以在课前自主学习理论知识,课堂上则专注于实践讨论与互动。这种教学方法不仅提升了学习效果,还强化了教师对所学内容的理解和应用。在翻转课堂中,教师通过在线资源的学习,获得理论基础,然后在课堂上通过实践活动和同伴交流,巩固所学知识。这一模式有效地促进了教师的自主学习能力和协作能力的发展。

2.运用实时在线问答工具

实时在线问答工具的引入,为教师提供了一个随时提问和交流的平台,显著增强了课堂的互动性和参与感。通过这些工具,教师可以在学习过程中提出疑问,分享见解,并即时获得反馈。这种即时互动不仅有助于解决学习中的困惑,还能激发教师之间的知识交流和思想碰撞,进一步深化学习效果。实时问答的环境鼓励教师积极参与讨论,形成良好的学习氛围,提高整体教学质量。

3.引入游戏化学习元素

通过设计互动游戏和竞赛活动,教师的学习兴趣和积极性得以激发。游戏化学习不仅增加了学习的趣味性,还通过竞争和合作机制,增强了教师的参与度。在这种环境下,教师可以在轻松愉快的氛围中进行学习,增强记忆和理解,同时通过游戏化的反馈机制,及时调整学习策略,实现更高效的学习。

(二)协作学习模式

协作学习模式在网络环境下的远程教育中不仅促进了教师之间的知识共享,还增强了他们的互助意识。通过小组讨论和合作项目,教师能够更有效地提升学习效果。在这种模式下,教师被鼓励积极参与到知识的交流与共享中,从而实现专业能力的提升。协作学习模式不是简单的知识传递,而是通过互动与协作,激发教师的创新思维,提升解决问题的能力。

在协作学习中,教师的角色分配和任务分工是至关重要的。通过明确的角色分配,教师能够在团队中找到自己的位置,增强团队合作意识和责任感。这种模式强调教师在团队中的作用,不仅是知识的传授者,更是学习的参与者和引导者。通过合理的任务分工,教师可以各展所长,充分发挥个人的专业优势,同时在合作中学习他人的长处。这种协作不仅促进了个体的成长,也推动了团队的整体进步。

在线协作工具的使用为协作学习模式提供了技术支持。这些工具使教师能够进行实时交流和反馈,促进信息的快速流通与共同学习。在线平台的互动性和便捷性，使教师能够突破时间和空间的限制，随时随地进行学习和交流。通过在线协作工具，教师可以分享教学资源、交流教学经验，甚至共同开发教学项目。这种实时的互动和反馈，不仅提高了学习的效率，也增强了教师的参与感和成就感。

协作学习模式鼓励教师在解决实际教学问题时集思广益，共同探讨创新的解决方案。在面对复杂的教学挑战时，教师通过协作学习，能够从不同的视角分析问题，提出多样化的解决方案。通过集体智慧的碰撞，教师可以更好地应对教学中的各种挑战，找到更加有效的教学策略。这种共同探讨和创新的过程，不仅提高了教学质量，也增强了教师的专业自信心和成就感。

第三节　教师继续教育的创新路径探索

一、跨学科、跨领域的综合性培训项目设计

（一）培训项目的跨学科整合

在当前的教育环境下，单一学科的教学已无法满足现代社会对综合型人才的需求。因此，培训项目的设计需要打破学科界限，融入多学科的知识与技能。通过跨学科整合，教师不仅可以拓宽自身的知识视野，还能够在教学实践中灵活应用多种学科的知识，提升教学效果。跨学科培训项目的设计应充分考虑教师的专业背景与教学需求，确保所提供的课程模块灵活多样，教师可以根据个人兴趣和实际情况进行选择与组合。这种灵活性不仅提高了教师的学习积极性，还增强了其在教学中的创造性。

跨学科培训项目的设计需整合不同学科的教学资源与方法。通过多学科的融合，教师能够在跨学科团队中共同探讨和解决实际教学问题。这种合作方式不仅提升了教师的综合素养，还增强了其创新能力。在培训过程中，教师可以通过案例分析等方式，学习如何在多学科背景下进行教学设计与实施，从而在实际教学中更好地应对复杂的教学情境。通过这种整合，教师不仅能提高自身的专业水平，也能为学生提供更为丰富的学习体验。

通过跨学科的培训项目，教师可以进行知识的交叉与融合，增强其在多元化教学环境中的适应性与创造性。这种培训模式鼓励教师突破传统学科的界限，尝试将不同学科的知识进行有机结合。通过知识的交叉与融合，教师不仅可以提高

自身的专业素养，还能在教学中更好地引导学生进行跨学科的学习与思考。这种能力在现代教育中显得尤为重要，因为它不仅关系到教师个人的发展，还直接影响学生的学习效果与创新能力。

建立跨学科的协作机制是跨学科培训项目成功的关键。通过这种机制，教师之间的交流与合作能够得到有效促进。教师可以通过共同研究与实践，形成跨学科的教学团队，推动教育教学的创新发展。跨学科的协作机制不仅有助于教师在专业领域内的成长，还能为教育的整体进步提供新的动力。在这种机制下，教师的合作不仅限于知识的分享，还包括教学方法的探讨与创新，这对于推动教育的现代化进程具有重要意义。

（二）培训项目的跨领域协作

在快速变化的社会中，教师继续教育需要打破传统学科界限，通过跨领域协作来提升教师的综合素质和适应能力。跨领域培训项目不是简单的知识传授，而在于与社会需求的紧密对接。

首先，结合行业发展趋势，设计具有实用性的课程内容，可以有效提升教师的职业适应能力，使其在面对新兴教育需求时游刃有余。这种培训模式要求教育机构与各行业保持密切联系，了解当前社会对教育的需求变化，从而在课程设计中融入最新的行业动态和技术发展趋势。

其次，鼓励教师参与跨领域的实践活动对提升其专业能力至关重要。通过实地考察和与企业合作，教师能够直接接触不同领域的实际应用场景，从而增强对相关知识的理解和应用能力。例如，理科教师可以通过与科技企业的合作，了解最新的技术应用和科研动向，这不仅拓宽了他们的视野，也为其教学内容的更新提供了丰富的素材。这种实践活动还可以激发教师的创新思维，使其在教学中更好地运用跨学科知识。

再次，建立一个跨领域的专家网络是推动教师继续教育跨领域协作的重要举措。邀请不同领域的专业人士参与培训项目，可以为教师提供多样化的视角和经验，丰富其学习资源。这些专家不仅可以带来前沿的学术理论，还能分享实际工作中的经验和挑战，从而帮助教师更好地将理论与实践相结合。通过这种方式，教师能够在培训中构建更为全面和立体的知识体系，提升其教学和研究能力。

最后，跨领域的项目合作是实现知识共享与创新的重要途径。教师与其他专业人士共同开展研究和教学项目，不仅可以促进学科间的知识交流，还能激发出新的教学和科研思路。这种合作模式强调团队协作和跨界思维，鼓励教师在项目中发挥各自的专业特长，实现资源的最优配置和创新成果的最大化。通过这种协作，教师不仅可以提升自身的专业能力，还能为教育领域带来更多创新的教学方法和理念。

二、个性化学习在教师继续教育中的应用

（一）个性化学习方案的设计

通过针对教师个人需求与职业发展阶段的深入分析，设计灵活的学习路径，教师能够根据自身的特点选择适合的学习内容与节奏。这种个性化的设计不仅考虑教师的当前专业水平和未来发展目标，还关注其在教育实践中的具体需求。通过定制化的学习路径，教师能够在学习中获得更大的自主权，进而提高学习的积极性和效果。

为了提高个性化学习的针对性与有效性，数据分析工具的运用显得尤为重要。通过对教师学习偏好与进展的评估，教育机构能够为教师提供个性化的学习建议和资源推荐。这种基于数据的分析不仅能够识别教师在学习过程中的优势和不足，还能为教师提供定制化的学习路径，确保每位教师都能在其最需要的领域得到提升。通过这种方式，教师的学习体验将更加丰富且具备针对性，从而促进其专业发展的持续性。

建立教师学习档案是个性化学习方案设计中的一个关键环节。通过记录学习经历与成果，教师能够更好地反思自己的学习过程，并据此调整学习目标。学习档案不仅是教师个人成长的记录，也是教育机构评估教师发展效果的重要依据。通过对学习档案的定期回顾，教师可以清晰地看到自己的进步和需要改进的地方，从而促进其持续成长。在此过程中，教师的自主性和自我反思能力能得到提升。

在个性化学习方案中，鼓励教师设定个人目标与计划是增强学习自主性与参与感的有效策略。通过支持教师自主选择学习资源与活动，他们能够在学习中拥有更强的内在动力和成就感。设定个人目标不仅使教师的学习过程更加有方向性，也使其能够在实现目标的过程中不断获得反馈，从而增强自信心和专业能力。这种自主性学习模式的推广，将有助于形成一种更加开放和灵活的教师继续教育生态系统。

(二)个性化学习的技术支持

通过技术手段,教师可以获得更为精准和高效的学习体验。

1.个性化学习平台的推荐算法

个性化学习平台的推荐算法通过分析教师的学习行为和偏好,智能地推荐适合的学习资源和课程。这种智能推荐不仅增强了学习的针对性,也提高了学习的有效性。教师可以根据推荐的资源,选择最符合自己需求的学习内容,从而更好地促进自身的专业发展。这种技术支持使教师能够在纷繁复杂的学习资源中,快速找到最适合自己的学习路径。

2.在线学习工具的自适应功能

在个性化学习中,在线学习工具的自适应功能发挥着重要作用。这些工具能够根据教师的学习进度和表现,动态调整学习内容和难度。这种自适应功能确保每位教师都能在适合自己的节奏下进行学习,从而提高学习的效率和效果。教师不再需要担心课程内容过于简单或过于困难,因为系统会根据他们的实际情况进行调整。这种个性化的学习体验,能够有效地激发教师的学习兴趣和动力,使其在学习过程中始终保持积极的态度。

3.虚拟辅导系统

虚拟辅导系统是个性化学习技术支持的重要组成部分。该系统为教师提供个性化的在线辅导和支持,帮助他们在学习过程中及时解决疑问和困难。通过虚拟辅导,教师可以获得实时的反馈和建议,增强学习体验。虚拟辅导系统不仅能够提供学术上的支持,还可以在心理和情感上给予教师帮助,使他们在学习过程中感受到被关注和支持。这种全方位的支持,能够有效提升教师的学习满意度和成就感。

4.数据分析与反馈机制

通过对教师学习数据的分析,系统能够提供个性化的学习反馈和建议。这些反馈帮助教师识别自身的优劣势,并为其专业发展提供指导。数据分析不仅能够揭示教师的学习模式和习惯,还能发现其潜在的问题和挑战。通过及时反馈,教师可以调整自己的学习策略,优化学习过程。这种基于数据的反馈机制,能够有效促进教师的专业成长,使其在不断反思和改进中,实现更高水平的专业发展。

三、利用大数据和人工智能技术优化继续教育

(一)大数据在教育需求分析中的应用

在现代教育领域,大数据技术成为分析教育需求的重要工具。通过对教育数据的深入挖掘和分析,教育管理者可以更准确地识别教师在专业发展过程中所面临的多样化需求。大数据技术能够帮助教育管理者识别不同学科和年级的教师在教学实践中遇到的具体挑战。这种识别能力使教育机构可以制定更具针对性的培训项目,以满足教师的个性化需求。通过这种方式,大数据不仅提高了教师继续教育的效率,也促进了教师专业能力的全面提升。

利用大数据分析教师的专业发展需求是提高继续教育针对性的重要手段。通过对教师在教学实践中的表现数据进行分析,可以识别出不同教师群体在教学过程中面临的具体挑战。例如,某些学科的教师可能需要更多的技术支持,而另一些教师可能在课堂管理上需要额外的培训。基于这些分析结果,教育机构可以设计出更为精准的培训项目,确保每位教师都能获得所需的支持和资源,从而提高整体教学质量。

大数据技术可以通过分析教师在线学习行为和反馈数据,评估培训课程的有效性和适应性。这一过程不仅能够帮助教育机构了解课程的实际效果,还能为课程内容的及时调整提供依据。通过对教师的学习行为进行持续跟踪,教育管理者可以发现课程中存在的不足之处,并据此优化课程设计,以更好地满足教师的学习需求。这种动态调整机制有助于提高继续教育的整体质量和教师的学习满意度。

(二)人工智能在学习路径优化中的作用

通过先进的数据分析技术,人工智能可以有效识别教师的学习行为数据,深入了解其学习习惯和偏好。这种分析能力使系统能够为每位教师量身定制个性化的学习路径,确保学习内容的高效传递与吸收,提高学习效率。个性化学习路径能够激发教师的学习动力,使其在学习过程中更加专注和投入,从而实现更高水平的专业发展。

利用人工智能技术,教师继续教育系统能够实时监测学习者的学习进度,并根据其表现动态调整学习内容和难度。这种适应性调整不仅确保了学习过程的有效性,还能够根据教师的实际学习情况提供适当的挑战和支持,避免学

习过程的枯燥或过度负担。通过这种方式，人工智能技术帮助教师在学习过程中保持持续的兴趣和积极性，提高学习成果的同时，增强教师对继续教育的满意度。

人工智能的自然语言处理技术在教师继续教育中同样展现出显著的优势。通过分析教师在学习过程中提出的问题和反馈，人工智能能够提供即时的解答和支持，极大地改善学习体验。即时反馈机制使教师在遇到困难时能够迅速得到帮助，减少学习中的挫败感。这种支持不仅提高了学习效率，还增强了教师在知识探索中的信心，进一步促进了其专业能力的提升。

通过机器学习算法，人工智能可以挖掘教师在不同学习阶段的需求变化。这种洞察力为教育管理者提供了优化课程设置和资源配置的依据，提升继续教育的整体效果。通过分析教师在学习过程中表现出的不同需求，人工智能能够帮助设计出更具针对性的课程内容和学习资源，确保教师在每个阶段都能获得最佳的学习支持。这种基于数据驱动的优化不仅提高了教育资源的利用效率，也为教师的专业成长提供了有力保障。

四、构建教师继续教育生态体系的策略与措施

(一)生态体系的构建原则

1.以教师为中心

一个有效的生态体系应当以教师为中心，确保所有教育活动和资源都围绕教师的专业发展需求进行设计与实施。这一原则的核心在于尊重教师的主体地位，充分考虑教师在不同职业阶段的多样化需求，使继续教育能够真正服务于教师的成长与发展。教师是教育体系中的关键要素，他们的专业水平直接影响教育质量。因此，构建以教师为中心的生态体系，能够更好地激发教师的内在动力，促进其主动参与到教育活动中，实现持续的专业提升。

2.支持机制多元化

在构建教师继续教育生态体系时，多元化的支持机制需要包括政策、资金、技术和人力资源的综合保障，以促进教师继续教育的可持续发展。政策支持可以为教师继续教育提供方向性指导和制度保障，资金投入则是确保各项教育活动顺利

开展的基础。同时，技术支持能够为教师提供现代化的学习工具和平台，提高继续教育的效率。人力资源的保障则体现在对教师培训者和管理者的专业化要求上，确保他们能够为教师提供高质量的教育服务。通过综合运用这些支持机制，可以有效提高教师继续教育的质量和覆盖面。

3. 协同合作

学校、教育机构、社会组织和家庭的共同参与，能够形成推动教师专业成长的合力。学校作为教师继续教育的主要场所，应在资源配置、课程设计和教学实施等方面发挥主导作用。教育机构和社会组织可以提供多样化的学习资源和实践机会，丰富教师的学习体验。家庭则在支持教师的职业发展和心理健康方面发挥重要作用。多方协同合作，可以构建一个开放、包容的教育生态，为教师提供全方位的支持。

4. 动态调整

教师继续教育需要根据教师的反馈和教育环境的变化，灵活优化继续教育的内容和形式，以适应不断变化的教育需求。教育是一个动态的过程，教师的需求和教育环境都在不断变化。因此，继续教育的内容和形式也需要进行相应的调整。这要求教育管理者具备敏锐的观察力和灵活的应对能力，能够及时获取教师的反馈信息，并将其转化为改进教育实践的依据。通过动态调整，教师继续教育可以更好地满足教师的实际需求，提高教育的针对性和实效性。

(二)生态体系的实施路径

1. 建立多层次的教师继续教育支持网络

多层次的教师继续教育支持网络不仅包括学校，还涵盖教育行政部门和社会组织。在这个协同发展机制中，各方能够充分发挥各自的优势，形成合力，为教师提供充足的培训资源和政策支持。这种多层次的支持网络有助于打破传统教育体制的局限，促进资源的有效整合和利用，从而为教师的职业发展创造更为广阔的空间。

2. 建立教师继续教育课程的动态调整机制

通过建立教师继续教育课程的动态调整机制，教育机构可以根据教师的反馈和不断变化的教育环境，灵活地优化培训内容与形式。这不仅能确保培训的内容始终与时代同步，还能使教师在参与培训时感受到切实的价值。这种动态调整机制要求教育机构具备敏锐的洞察力和快速反应的能力，以便及时捕捉到教育领域的变化趋势，并作出相应的调整。

3.充分利用现代信息技术

利用现代信息技术搭建教师继续教育平台，可以有效整合各类教育资源，提供个性化的学习路径和支持。这种平台化的学习方式，不仅提升了教师的学习体验，还能显著提高培训的效果。通过在线课程、虚拟研讨会和数字化资源库等形式，教师可以根据自己的兴趣和需求，自主安排学习进度，获得更为个性化的学习体验。信息技术的介入，使教师继续教育不再受时间和空间的限制，极大地拓宽了学习的可能性。

4.建立教师职业发展评估体系

在教师继续教育的生态体系中，建立教师职业发展评估体系是确保培训有效性与针对性的重要措施。通过定期评估教师的专业发展状况，教育机构可以及时调整继续教育的方向和策略。这种评估不仅关注教师的知识更新和技能提升，还涉及其职业发展的整体规划和目标实现情况。评估结果为教育管理者提供了重要的决策依据，使其能够在教师继续教育的过程中，作出更为精准和高效的资源配置。通过科学的评估体系，教师的专业成长将得到更加系统和持续的支持。

第四章　专业化背景下教师继续教育的实施与管理

第一节　教师继续教育的组织与规划

一、教师继续教育的规划原则

(一)需求导向原则

教师继续教育应基于教师的实际需求进行设计,以提高培训的针对性和有效性。只有在充分了解教师在教学实践中遇到的问题和挑战后,才能设计出切实可行的培训方案。通过调研和反馈机制,教育管理者可以及时获取教师在专业发展中的具体需求,这不仅有助于确保继续教育内容的适应性,还能增强教师的参与积极性和学习效果。

在规划教师继续教育时,结合教育政策和行业发展趋势是必要的。制定符合教师职业生涯不同阶段的继续教育项目,可以满足教师在不同发展阶段的多样化学习需求。教师的职业发展是一个动态的过程,继续教育项目需不断更新,以适应教师在职业生涯中面临的新挑战和新任务。通过这种方式,教师不仅能在专业知识上得到提升,还能在教育理念和方法上获得新的启发。

为了确保教师继续教育的效果,利用数据分析工具对教师的学习效果与满意度进行评估是关键。这种评估不仅能为教育管理者提供宝贵的反馈信息,还能为未来的继续教育项目提供改进的方向。通过持续的评估与反馈,继续教育的内容与形式可以不断优化,真正实现教师专业发展的目标。

(二)持续性原则

教师在其职业生涯中面临着不断变化的教育环境和学生需求,这要求教育体系为教师提供长期的学习机制。通过建立这样的机制,教师能够在职业生涯的各个阶段获得持续的学习机会与支持。这不仅有助于他们应对教育领域的变化,还能在个人专业发展中保持积极性和创新力。持续性原则强调的是教师继续教育的长期性和连贯性,这也是确保教师能够不断适应新挑战和新要求的基础。

为了更好地贯彻持续性原则，继续教育项目需要定期更新与调整，以适应教育领域的变化和教师的发展需求。这种动态调整机制能够确保教育内容的前沿性和实用性，使教师的学习与当前的教育实践紧密结合。通过这种方式，教师不仅可以获得最新的教育理论和技术，还能将其有效地应用于实际教学中，从而提高教育质量。继续教育项目的更新与调整需要基于对教育趋势的深入分析和对教师需求的全面了解。

在教师继续教育的过程中，鼓励教师参与反思性实践是持续性原则的重要体现之一。反思性实践不仅包括自我评估，还涉及同伴反馈，通过这种方式，教师能够在实践中不断反思自己的教学方法和效果。这种反思性实践促进了教师的专业成长与能力提升，使其能够在教学中更加自信和有效。通过反思，教师能够发现自身的不足和改进的空间，从而在职业生涯中不断进步。

建立教师继续教育的评估与反馈系统是确保培训效果持续跟踪与改进的关键步骤。评估与反馈系统能够为教师继续教育项目提供重要的数据支持，帮助识别项目的优点和不足之处。通过这种系统，教育管理者能够及时调整教学策略和内容，以更好地满足教师的需求。这样的机制不仅有助于提高教育质量，还能提高教师的满意度，使他们在继续教育中感受参与和成长的价值。

（三）灵活性原则

在专业化背景下，教师继续教育的灵活性原则强调教育规划的多样性和适应性。教师继续教育应提供多样化的学习形式，以满足不同教师的学习习惯和时间安排。在线课程、面对面培训和混合学习等多种形式的结合，可以有效地适应教师的个体差异和多样化需求。这种灵活的学习形式不仅提高了教师参与继续教育的积极性，还能更好地兼顾教师的工作和生活，使继续教育成为教师职业生涯中不可或缺的一部分。通过灵活的学习形式，教师能够在不影响教学工作的同时，持续提升自身的专业素养。

继续教育课程的时间安排应具备灵活性，允许教师根据个人日程选择合适的学习时段。这种灵活的时间安排增强了学习的自主性与积极性，教师可以在空闲时间进行学习，避免了时间冲突带来的困扰。此外，灵活的时间安排还能够适应教师在不同职业发展阶段的需求，帮助他们在职业生涯的不同阶段都能获得相应的支持与发展机会。通过灵活的时间安排，教师能够更好地平衡工作、学习与生活，实现全面发展。

课程内容的灵活性至关重要，继续教育课程应根据教师的专业发展阶段和兴趣进行动态调整。这种动态调整确保了培训内容与教师的实际需求相匹配，增强了学习的相关性与实用性。通过对课程内容的灵活调整，教师能够获得更贴合实际的培训，提升教学效果与专业素养。课程内容的灵活性还体现对教师个体差异的尊重，能够为教师提供更有针对性的支持，帮助他们在专业领域中不断进步。

二、教师继续教育培训内容的选择

（一）培训内容的多样性

多样化的培训内容不仅满足教师个人的专业发展需求，还能适应不同教育阶段和学科的要求。在专业化背景下，教师不仅需要掌握基础知识，还需具备跨学科的视野和能力。多样化的培训内容为教师提供了丰富的学习选择，促进其全面发展。同时，培训内容的多样性为教师在教育实践中提供了多种策略和方法，以应对复杂的教学情境。在全球化背景下，教师需要理解不同文化和教育体系的特点，多样化的培训内容可以帮助教师拓宽国际视野，提高其国际竞争力。

1. 涵盖教育心理学

培训内容应涵盖教育心理学，以增强教师对学生学习过程的理解与支持能力。教育心理学是理解学生行为和学习过程的基础。通过学习教育心理学，教师可以更好地理解学生的心理发展特点和学习需求，从而提供更有效的支持和指导。教育心理学的知识帮助教师识别学生在学习过程中的困难，并制定针对性的教学策略。此外，教育心理学还强调个体差异的重要性，教师可以根据学生的不同特点，采用差异化的教学方法，提高学习效果。教育心理学的应用不仅限于课堂教学，还可以帮助教师在班级管理和学生辅导中提供更有针对性的支持。

2. 应用现代教育技术

培训内容应包括现代教育技术的应用，帮助教师有效利用数字工具提升教学效果。现代教育技术的迅猛发展为教育教学带来了新的机遇和挑战。教师需要掌握各种数字工具的使用方法，以便在教学中灵活应用。通过培训，教师可以学习如何利用教育技术提高课堂互动性和学生参与度，从而提升教学效果。教育技术的应用不仅限于传统课堂，还可以支持远程教育和混合学习模式，为学生提供更加个性化和灵活的学习体验。此外，教育技术还可以帮助教师进行教学评估和数据分析，提高教学的科学性和有效性。

3. 涉及课程设计与教学方法

培训内容应涉及课程设计与教学方法，提高教师在课堂教学中的创新与实践能力。课程设计和教学方法是教师专业发展的核心内容。通过系统培训，教师可以学习如何根据学生的需求和学科特点，设计出有效的课程方案。创新的教学方法可以提高学生的学习兴趣和参与度，从而提高教学效果。培训中教师可以通过案例分析，学习不同教学方法的优缺点，并在实践中进行探索和创新。课程设计与教学方法的培训不仅提高了教师的专业能力，还促进了教育教学的整体质量提高。

4. 关注学科知识的更新

培训内容应关注学科知识的更新，确保教师掌握最新的学科发展动态与教学要求。随着科学技术的快速发展，各学科知识也在不断更新。教师需要及时掌握最新的学科动态，以便在教学中传递准确和前沿的知识。通过培训，教师可以了解学科发展的最新趋势和研究成果，并将其融入教学，提高教学的深度和广度。学科知识的更新不仅有助于教师个人专业水平的提高，也为学生提供了更丰富和更多元的学习内容，促进其综合素养的提升。

5. 强调职业道德与教育法律法规

职业道德和法律法规是教师职业发展的重要组成部分。通过培训，教师可以增强对教育法律法规的理解，提升法律意识和责任感。在教育实践中，教师需要遵循职业道德规范，尊重学生的权利和个性发展。在培训中，可以通过案例分析，帮助教师理解职业道德和法律法规在实际工作中的应用，提高其职业素养。职业道德和法律法规的培训不仅有助于教师个人的发展，也保障了教育教学的公平和公正。

（二）培训内容的实用性

在教师继续教育中，培训内容的实用性不仅意味着内容的直接应用价值，更指向教师在实际教学情境中能够灵活运用所学知识。教师面对多样化的课堂环境和学生需求，培训内容需具备高度的实用性，以帮助教师更好地应对日常教学中的挑战。通过精心设计的培训课程，教师能够将理论知识转化为实用技能，从而提升教学效果和学生的学习体验。

培训内容应包括课堂管理技巧的实用训练。有效的课堂管理不仅能维持良好的教学秩序，还能创造积极的学习氛围。通过培训，教师可以学习如何应对课堂上可能出现的各种问题，如学生的注意力分散、纪律问题等。此外，培训还应提供关于如何激发学生学习动机的策略，使教师能够在多样化的教学环境中保持学生的积极参与。通过这些实用技巧的掌握，教师可以更自信地管理课堂，提高整体教学质量。

评估与反馈技术是教师继续教育培训中不可或缺的部分。教师需要掌握如何有效评估学生的学习成果，以便在教学过程中进行及时的调整和改进。通过培训，教师可以学习多种评估方法，包括形成性评估和终结性评估，帮助他们在不同教学阶段进行有效的学生评估。此外，培训还应强调反馈的重要性，教师应掌握如何提供建设性的反馈，以激励学生的学习热情，提升学习效果。通过评估与反馈技术的提升，教师能够更好地支持学生的学习发展。

针对不同学科的教学策略培训是提升教师专业能力的重要环节。不同学科有其独特的教学需求和挑战，教师需要掌握相应的教学策略以提高教学质量。培训应根据学科特点，提供具体的教学方法和工具，帮助教师在其专业领域内提升教学效果。例如，理科教师可能需要掌握更多实验教学的方法，而文科教师则需要加强培养批判性思维的策略。通过针对性强的学科培训，教师能够更加自如地驾驭课堂教学，提升学生的学科素养。

三、教师继续教育的时间安排与进度管理

（一）阶段性目标设定

在专业化背景下，阶段性目标的设定不仅有助于明确教师在不同时间段的学习任务，还能确保教育资源的合理配置和使用。阶段性目标的设定通常包括短期、中期和长期目标，这些目标的制定需要综合考虑教师的职业发展需求、教育政策的变化以及教育技术的进步。

1. 短期目标

短期目标的设定旨在确保教师在每个学期内完成特定的继续教育课程。这些课程通常以提升教师的专业技能和知识水平为目标，帮助他们及时掌握最新的

教育理论和实践方法。通过设定明确的短期目标，教师可以在较短的时间内获得具体的成就感，这不仅激励他们继续学习，还能在教学实践中迅速应用新知识，提高教学质量。

2. 中期目标

中期目标关注教师在职业生涯中的关键发展阶段。这些阶段可能包括晋升、职称评定或转型等职业节点。在此阶段，教师需要参与相关的继续教育项目，以满足其职业发展的需求。中期目标的设定需要结合教师个人职业规划和学校或教育系统的整体发展战略，确保教师在职业生涯的关键时刻能够获得必要的支持和资源。

3. 长期目标

长期目标的建立旨在鼓励教师在整个职业生涯中持续参与继续教育。长期目标不仅关注教师的专业成长与发展，还致力于培养教师的终身学习意识。通过设定长期目标，教师能够在不断变化的教育环境中保持竞争力，适应新的教育挑战和机遇，实现个人与职业的共同成长。

（二）进度跟踪与调整

1. 建立教师继续教育的进度监测系统

教师继续教育的进度监测系统不仅要定期收集教师参与培训的情况，还需进行深入分析，以便及时发现潜在问题并进行调整。这一过程不仅涉及对教师学习活动的简单记录，更需要对其参与度、学习效果等多方面进行综合评估。通过这样的系统，教育管理者能够迅速识别出哪些方面的培训可能需要改进或加强，从而提高整体教育质量。

2. 设定明确的进度评估指标

明确的进度评估指标包括学习完成率、知识掌握程度和技能应用效果等。这些量化指标的设定，能够为教师培训进展提供清晰的衡量标准，使教育管理者可以客观地评估培训效果。这不仅有助于发现教师在学习过程中遇到的困难，还能帮助识别哪些培训内容最为有效，从而为后续的培训计划提供数据支持和改进方向。

3.灵活调整培训内容和形式

根据教师的反馈和学习成果，培训的内容和形式应当随时进行调整，以确保其与教师的实际需求和发展方向相匹配。这样不仅能够提高教师的参与积极性，还能增强培训的针对性和实效性。通过这样的调整，继续教育项目能够更好地适应快速变化的教育环境和教师的个性化需求。

4.定期召开教师反馈会议

在反馈会议中，教师可以分享他们的学习体验、遇到的困难以及对培训项目的意见和建议。这种反馈机制不仅能够促进教师之间的交流与合作，还为教育管理者提供了宝贵的第一手资料，以便优化后续的培训安排和进度管理。通过收集和分析教师的反馈，教育管理者可以更好地理解教师的需求，从而制定出更有效的继续教育策略。

第二节　教师继续教育的资源整合与利用

一、教师继续教育资源的类型与特点

（一）物质资源

1.培训场地的选择与配置

一个合适的培训场地应能灵活适应多样化的培训需求与学习活动，不仅需要足够的空间来容纳参与者，还应具备良好的声学和视觉条件，以确保信息的有效传递。场地的选择还需考虑交通便利性，以便教师能够轻松到达，减少不必要的时间浪费。

2.教育技术设备的配备

在现代教育中，计算机、投影仪和互动白板等设备的使用，为实施现代化教学方法与学习形式提供了技术支持。这些设备不仅能够提高教学的互动性和参与度，还能帮助教师通过多媒体手段更生动地传递知识，提高学习效果。教育技术

设备的更新与维护也需要得到持续关注，以确保其正常运转和高效使用。

3.教材与学习资源的整合

通过引入专业书籍、在线课程和教育软件等多样化的学习材料，教师能够获取最新的教育理论与实践知识，促进自身的专业发展。这些资源的整合需要考虑教师的实际需求和教育目标，确保其内容的科学性和实用性，以帮助教师在教学中有效应用所学知识。

4.培训经费的筹措与管理

培训经费的筹措与管理是保障教师继续教育项目顺利开展的关键因素。充足的财政支持能够确保教育项目的持续性和质量，涵盖场地租赁、设备购置、教材编写及人员培训等各个方面。有效的经费管理不仅需要合理的预算编制，还需建立透明的资金使用机制，以确保每一笔开支都能真正用于提升教师的教育水平。

（二）人力资源

教师继续教育人力资源的配置应包括教育专家、培训师和行业顾问，以确保培训内容的专业性与实用性。教育专家通过提供最新的教育理论和实践研究，为教师提供坚实的知识基础。培训师负责将这些理论转化为具体的教学技能和策略，帮助教师在实际教学中得以应用。行业顾问为教师提供行业最新动态和发展趋势的见解，使他们能够将教育与行业需求紧密结合。

建立教师继续教育的支持团队是确保教师在学习过程中能够获得全面支持的重要举措。心理辅导员在教师面临学习压力或职业倦怠时，提供必要的心理支持和辅导，帮助他们克服学习过程中的挑战与困难。职业发展顾问则为教师提供职业规划和发展建议，帮助他们在职业生涯中作出明智的选择。这样的支持团队不仅能提高教师的学习效果，还能增强他们对继续教育的信心和投入度。

鼓励教师参与继续教育的自我管理与发展是培养其自主学习能力和反思实践意识的重要策略。通过自我管理，教师能够根据自身需求和兴趣选择合适的学习内容和方式，增强学习的针对性和实效性。同时，反思实践的意识促使教师在教学过程中不断审视自己的教学行为和效果，从而不断改进和提高教学质量。这种自我管理与反思的能力，是教师在快速变化的教育环境中保持竞争力和创新力的关键。

利用校内外专家资源，组织定期的讲座和研讨会，是促进教师与专业人士之间的交流与合作的重要途径。通过邀请校内外的教育专家和行业领袖，教师可以获得不同视角的专业见解和实践经验。这不仅拓宽了教师的视野，也激发了他们的创新思维和实践热情。这样的交流活动，能够有效促进教师之间的知识共享和经验交流，形成良好的学习共同体。

（三）信息资源

1. 信息管理系统

通过建立教师继续教育的信息管理系统，可以实现资源的共享和更新，从而提高教师获取信息的效率。信息管理系统不仅能够集中管理各类教育资源，还可以提供实时更新的功能，确保教师能够及时获取最新的教学资料和教育动态。这种系统化的信息管理能够为教师继续教育提供可靠的技术支持，促进教育资源的有效利用。

2. 在线学习平台

在线学习平台集成了丰富的教育资源，包括课程资料、教学视频和学习指南等，为教师提供便捷的自主学习途径。通过在线学习平台，教师可以根据自身的需求选择学习内容，安排学习进度，提高学习的灵活性和自主性。此外，在线平台还可以提供互动功能，增强教师之间的交流与合作，促进教学经验的分享与传播。

3. 社交媒体和专业网络

利用社交媒体和专业网络可以有效促进教师之间的信息交流与经验分享，增强学习的互动性和参与感。社交媒体作为一种新型的信息传播方式，能够快速传递教育资讯，打破时间和空间的限制，使教师能够随时随地进行学习和交流。专业网络则为教师提供了一个集中的交流平台，教师可以在此分享教学经验、讨论教育问题，甚至进行跨学科的合作研究。

4. 继续教育数据库

通过记录教师的学习历程与成果，数据库能够为后续的个性化培训提供数据支持。这种数据驱动的培训方式能够根据教师的实际需求和发展方向，提供更具针对性的培训方案，提高继续教育的实效性。此外，数据库还可以帮助教育管理者进行宏观的教育资源配置,优化教育资源的使用效率。

二、教师继续教育资源的获取与共享机制

(一)资源获取渠道

首先,通过与高等院校和职业培训机构建立合作关系,教师可以获得专业的培训资源和课程支持。这些合作关系不仅提供了丰富的理论知识,还为教师提供了实践指导,促进其专业素养的提升。这种合作不仅限于国内,还可以通过国际交流项目,获取全球视野的教育资源,提升教师的国际竞争力和教学水平。

其次,相关教育部门和行业协会提供的培训项目和资金支持,是教师继续教育资源获取的重要渠道之一。政府部门通常会制定相关政策,鼓励教师参与继续教育,并提供相应的资金支持。这种政策导向不仅为教师提供了经济上的保障,还在制度上确保了教师继续教育的持续性和有效性。行业协会则通过组织专业培训和学术交流活动,为教师提供专业发展的平台,促进教师之间的经验分享和相互学习。

最后,与企业的合作为教师提供了实际工作环境中的培训机会和实习资源。这种合作模式不仅增强了教师的实践能力,还为他们提供了将理论应用于实践的机会。通过在企业环境中进行实习,教师能够更好地理解行业需求和职业标准,从而在教学中更有效地传授知识和技能。此外,这种合作还为教师提供了了解最新行业动态和技术发展的机会,帮助他们保持专业知识的前沿性。

(二)资源共享平台

在专业化背景下,资源共享平台的建立旨在集中各类培训资源,使教师能够随时获取所需的学习材料。这种集中化的资源管理不仅提高了资源的利用效率,还确保了教师在继续教育过程中能够获得最新、最全面的学习资料。在全球化和信息化快速发展的今天,教育资源的获取方式也在不断演变。通过资源共享平台,教师可以更加便捷地获取到全球范围内的优质教育资源,从而提升自身的专业素养和教学能力。这种资源的集中和共享机制,为教师继续教育提供了强有力的支持。

在资源共享平台的基础上,搭建跨机构的资源共享网络成为提升培训效果的关键策略。不同教育机构之间的合作与资源互通,不仅有助于丰富教育资源的多

样性,还能通过交流与合作,促进教育理念的创新发展。这种跨机构的资源共享网络为教师提供了一个广阔的学习平台,打破了地域和机构的限制,使教师能够接触不同的教育思想和教学方法。这种开放性的资源共享网络,不仅提高了教育资源的利用效率,还促进了教育资源的公平分配,为教师继续教育的深入发展提供了坚实的基础。

社交媒体工具的利用为资源共享平台注入了新的活力。通过社交媒体,教师可以在继续教育中实现更高水平的互动性,推动集体学习和共同成长。社交媒体工具的便捷性和互动性,使教师能够随时随地与同行分享经验、交流心得。这种互动不仅有助于教师在继续教育过程中相互学习,还能通过集体智慧的碰撞,激发出更多创新的教育理念和教学方法。社交媒体工具在教师继续教育中的应用,为教师的专业发展提供了新的途径和动力。

创建教师学习档案系统是资源共享平台的重要组成部分。通过记录教师的学习经历与成果,学习档案系统为后续的个性化培训提供了数据支持。这种系统化的记录方式,不仅为教师的继续教育提供了清晰的轨迹,也为教育管理者提供了翔实的数据分析基础。通过学习档案系统,教师可以清晰地看到自己的成长历程,并根据自身的学习需求,制订更加个性化的学习计划。这种个性化的学习方式,不仅提高了教师继续教育的针对性和实效性,还为教师的长期职业发展提供了有力的支持。

三、教师继续教育资源的整合原则与技术

(一)资源整合原则

1.以教师需求为导向的原则

资源整合应当遵循以教师需求为导向的原则,确保整合的资源能够真正满足教师的专业发展和学习需求。这一原则的核心在于准确把握教师在不同阶段的职业发展需求,通过对现有资源的分析与评估,识别出能够有效支持教师发展的优质资源。资源的整合需要结合教师的反馈和实际教学情况,确保所提供的资源能够在教育实践中发挥切实的作用,从而提高教师的教学质量和专业水平。

2.多样性原则

整合的资源应涵盖不同类型的培训形式和内容,以适应教师的不同学习风格和

职业背景。这意味着教育机构需要提供多元化的学习资源，包括线上与线下培训、理论与实践结合的课程设计等。通过多样化的资源整合，教师可以根据自身的学习偏好和时间安排，自主选择适合的学习路径，从而提高学习的主动性和效果。此外，多样化的资源也能够激发教师的创新思维，促进其在教学实践中的灵活应用。

3.协同合作原则

通过促进各类教育机构之间的交流与合作，可以实现优势资源的共享，提高整合效率。教育机构之间的合作不仅可以避免资源的重复建设，还能通过资源共享实现教育资源的最大化利用。在此过程中，建立一个开放、信任的合作机制尤为重要，确保各机构能够在资源共享中实现互利共赢。协同合作的深化将有助于形成一个更加紧密的教育网络，为教师的持续发展提供坚实的支持。

4.可持续性原则

资源整合策略应强调可持续性，以确保资源在使用过程中能够不断更新与优化，适应教师持续发展的需求。可持续性的实现需要对资源进行定期的评估与更新，以适应不断变化的教育环境和教师需求。同时，教育机构应当建立有效的资源管理机制，确保资源的长期可用性和高效利用。通过对资源的持续优化，教师能够获得最新的教育理念和教学方法，从而在教学实践中不断提升自身的专业能力和教学水平。

(二)资源整合技术

1.云计算技术

利用云计算技术，教育资源的集中管理和共享得以实现，这不仅增强了教师获取培训内容的便利性和灵活性，还降低了资源的重复建设成本。云计算的应用使教师可以在任何时间、任何地点访问所需的教育资源，极大地提高了学习的自主性和灵活性。此外，云端存储和计算能力的提升，使海量教育资源的管理和调度更加高效，教师可以根据自身的学习需求，自主选择和调整学习内容，从而实现个性化的学习路径。

2.大数据分析工具

大数据分析工具的应用，为评估教师的学习行为和需求提供了科学依据。通过对海量数据的采集和分析，可以精准识别教师在继续教育中的学习模式和偏好，从而为资源配置和培训内容的个性化推荐提供支持。大数据技术不仅帮助教育管理者优化资源的使用效率，还能动态调整培训计划，以适应教师不断变化的学习需求。这种基于数据驱动的资源整合策略，使教师继续教育的效果得到显著提升，同时为教育政策的制定提供数据支持。

3.在线学习平台

在线学习平台整合了多种教学资源，为教师提供了随时随地进行自主学习和交流的机会。在线平台的优势在于其资源的多样性和可获取性，教师可以通过平台进行课程学习、资源下载、在线讨论等多种学习活动。这种资源整合方式，突破了传统教育的时间和空间限制，教师不仅可以根据自身的学习进度进行安排，还可以通过平台与其他教师互动交流，分享经验和资源，形成良好的学习共同体，促进教育资源的共享和利用。

4.移动学习技术

移动学习技术为教师提供了随时随地的学习支持。借助智能手机、平板电脑等移动设备，教师可以在不同的环境下进行学习，增强了学习的灵活性和便利性。移动学习技术的优势在于其便捷性和即时性，教师可以利用碎片化时间进行学习，最大化地利用时间资源。这种技术的应用，不仅丰富了教师的学习方式，还提高了学习的主动性和持续性，帮助教师在快节奏的工作中保持学习的动力。

5.社交网络工具

社交网络工具促进了教师之间的互动与合作，提高了资源的共享与利用效率。社交网络为教师提供了一个开放的交流平台，教师可以在此分享教学资源、交流教学经验、讨论教学问题，从而在互动中实现共同成长。通过社交网络，教师可以突破地域限制，与全国乃至全球的同行进行交流与合作，借鉴先进的教学理念和方法，提升自身的专业素养和教学能力。这种基于社交网络的资源整合方式，为教师继续教育注入了新的活力，推动了教育资源的高效利用。

四、教师继续教育资源的利用效率提高途径

（一）资源利用评估

1.建立科学的评估指标体系

科学的评估指标体系应涵盖教师学习参与度、知识掌握程度和技能应用效果

等多维度指标，通过量化的方式全面了解资源的使用情况。这不仅有助于识别资源的使用效果，还能为资源的进一步优化提供数据支持。定期收集教师反馈是评估过程中的重要一环。通过了解教师对继续教育资源的满意度及其在实际教学中的应用情况，管理者可以获得宝贵的第一手资料。这些反馈不仅为资源的改进提供了依据，也为后续教育项目的设计和实施提供了参考。

2. 分析资源使用数据

分析资源使用数据是识别高效和低效资源类型的有效手段。通过对数据的深入分析，可以发现哪些资源在教师的专业发展中发挥了积极作用，哪些资源则需要调整或淘汰。这一过程有助于优化资源配置，从而提高整体利用效率。资源利用效果的跟踪研究是评估体系中的重要组成部分。通过评估不同培训模式和内容对教师专业发展的影响，可以形成持续改进的反馈机制。这样的研究不仅能为当前的资源配置提供指导，还能为未来的资源开发和利用提供战略方向。

3. 促进教师之间的经验分享

通过搭建交流平台，鼓励教师分享资源使用心得，可以提高资源利用的有效性和针对性。教师在分享过程中，不仅能获得他人的经验和建议，还能在互动中加深对资源的理解和应用。这样的交流不仅能提升个体教师的专业发展，还能在整个教育群体中形成良好的学习氛围，推动教师继续教育资源的高效利用。

（二）资源利用优化

优化资源配置是提高资源利用效率的关键步骤。

1. 科学合理的资源配置

通过科学合理的资源配置，确保关键培训资源优先满足教师的实际需求，从而提高培训的针对性和有效性。合理的配置资源不仅可以避免资源的浪费，还能使培训计划更具实效性，确保教师在学习过程中获得最大化的收益。资源配置的优化需要基于对教师需求的深入调研和分析，以便在资源有限的情况下，实现资源的最佳利用。

2. 建立资源共享机制

建立资源共享机制是促进教育机构之间合作的有效途径。通过资源共享，不同教育机构可以实现资源的互通有无,避免重复建设,提高整体教育培训的效率。资源共享不仅可以在物质资源方面实现,还可以在知识和经验层面进行。通过定期的交流与合作,各机构可以分享各自的培训经验和成果,形成良好的资源共享氛围。这样,教师可以在更广阔的资源平台上进行学习和发展,充分利用不同机构的优势资源。

3.实施动态评估与反馈

实施动态评估与反馈是确保培训计划持续改进的重要手段。在教师继续教育过程中,动态评估和反馈可以帮助教育机构及时了解教师的学习进度和反馈意见。根据评估结果,可以适时调整培训内容和形式,以更好地适应教师的学习需求和进度。这种动态调整不仅提高了培训的有效性,也优化了教师的学习体验,确保培训计划能够与时俱进,满足不断变化的教育需求。

4.利用现代技术手段

利用现代技术手段,如在线平台和移动学习应用,可以极大地增强教师获取资源的便捷性和学习的灵活性。现代技术的应用使教师可以随时随地进行学习,突破了传统学习时间和空间的限制。在线平台提供了丰富的学习资源和互动机会,而移动学习应用则为教师提供了更为灵活的学习方式。通过这些技术手段的应用,教师可以根据自己的时间安排和学习进度,灵活地进行学习,从而提高学习效率和效果。

第三节　教师继续教育质量的监控与提升

一、教师继续教育质量监控的指标体系构建

(一)指标选择原则

教师继续教育质量监控应基于明确的教育目标与标准,以确保培训内容与教师发展需求相一致。只有这样,才能使教师在参加继续教育时,真正获得与其职业发展相匹配的知识与技能提升。监控指标的选择不仅要关注教育的内容和形式,还要深入教师发展的核心需求,以此作为设计指标的根本依据。通

过这种目标导向的指标选择方法，可以有效地促进教师继续教育的针对性和实效性。

监控指标需涵盖教师的学习参与度、知识掌握程度和技能应用效果，以全面评估教育质量。学习参与度反映了教师对继续教育的投入程度，而知识掌握程度则是衡量教师在继续教育过程中所获得的理论知识的深度与广度。技能应用效果则是对教师能否将所学知识有效应用于实际教学的直接检验。这三方面指标相辅相成，共同构成了一个完整的评价体系。通过这种全面的评估，可以更准确地把握继续教育的质量，为后续的教育改进提供数据支持。

应建立定期反馈机制，通过教师自评与同行评审，及时获取对继续教育质量的真实反馈。定期反馈机制的建立，有助于及时发现继续教育过程中存在的问题，并根据反馈信息进行调整与改进。教师自评可以帮助教师反思学习过程中的得失，而同行评审则提供了一个外部视角，帮助发现教师可能忽略的问题。通过这两种反馈方式的结合，可以更全面地了解继续教育的实际效果，为质量提高提供有力支持。

质量监控指标应考虑教师的职业发展阶段，确保不同阶段的培训效果得到针对性评估。教师在职业发展不同阶段，其继续教育需求存在显著差异。因此，监控指标的设计必须考虑这些差异，以确保每一阶段的教师都能从继续教育中受益。初级阶段的教师可能更需要基础知识的巩固，而高级阶段的教师则可能更关注专业领域的深度探索。通过这种阶段性评估，能够更好地服务于教师的职业成长。

（二）指标体系设计

在专业化背景下，教师继续教育的质量监控需要一个科学合理的指标体系来支持。指标体系的设计不仅是对教育质量的评估工具，也是教育管理的重要手段。

1. 学习参与度指标

通过评估教师在继续教育项目中的出勤率、参与活动的频率及主动性，衡量其对培训的投入程度。这一指标强调教师在培训过程中的积极性和参与深度，反映出教师对自身专业发展的重视程度。通过对学习参与度的监控，教育管理者可以及时发现问题，调整培训策略，提高教师的学习动机和参与度，从而提高整体教育质量。

2. 知识掌握程度指标

知识掌握程度指标是指通过测验、调查或评估工具来评估教师在完成培训后对新知识的理解和掌握情况。该指标不仅关注教师对知识的记忆，更强调对知识的理解和运用。通过这一指标，教育管理者可以判断培训的有效性和教师的学习成效，确保培训内容能够真正转化为教师的教学能力。同时，这一指标为教师提供了自我评估的机会，帮助他们明确自身的学习目标和方向，进而推动专业发展。

3. 技能应用效果指标

技能应用效果指标关注教师在实际教学中应用新技能的能力。通过课堂观察和学生反馈，评估技能的转化效果是这一指标的核心。教师在接受继续教育后，能否有效地将新技能应用于课堂教学，是衡量培训成功与否的关键。该指标不仅考察教师的技能掌握情况，还关注其在教学实践中的应用能力。通过对技能应用效果的评估，教育管理者可以识别出培训中的不足之处，并为教师提供针对性的指导和支持。

二、教师继续教育质量监控的过程管理

(一)监控流程设计

在专业化背景下，教师继续教育质量的监控流程设计可以确保教育的质量。监控流程设计需要系统性规划，以保证各个环节的有效衔接和执行。

1. 建立专门的监控小组

专门的监控小组负责制定详细的监控流程和标准，以确保质量监控的有效实施。小组成员需要具备丰富的教育经验和监控技能，以便能够准确识别教育过程中的问题和不足。此外，设计适合的监控工具是流程设计的重要组成部分，包括问卷、评估表和观察记录等。这些工具的使用能够系统性地收集教育过程中的数据，为后续的分析和评估提供坚实的数据支持。

2. 定期组织监控会议

通过监控会议，相关人员可以对收集到的数据进行深入分析，评估教师继续

教育的质量与效果。会议的召开不仅有助于发现当前教育过程中的问题，还能通过集体智慧提出切实可行的改进建议。此外，建立有效的反馈机制是流程设计中的关键步骤。通过及时将监控结果反馈给培训组织者与参与教师，可以迅速调整和优化教育活动，以促进教育质量的持续改进。反馈机制的建立需要确保信息传递的及时性和准确性，以便各方能够迅速采取行动。

3.制定监控报告

定期发布继续教育质量监控的总结与建议，能够为教育机构提供方向性指导，推动持续改进。监控报告不仅要包含数据分析的结果，还需提出具体的改进措施和建议，以便各级教育管理者和教师能够根据报告内容进行调整和优化。这一系列的监控流程设计和实施，能够有效提高教师继续教育的质量，确保教师在专业化背景下获得更高水平的培训和发展机会。这样的系统化管理和监控，最终将有助于提高整个教育体系的质量。

（二）过程数据收集

在教师继续教育的过程中，通过定期开展问卷调查，可以系统地收集教师对继续教育项目的满意度和意见。这些反馈不仅能帮助评估培训内容的有效性，还能检验其对教师实际需求的适应性。问卷调查作为一种直接的沟通方式，能够揭示教师在培训过程中遇到的问题和挑战，从而为培训项目的调整和优化提供科学依据。此外，问卷调查的数据还可以为继续教育的长期规划提供参考，确保项目的持续改进和发展。

课堂观察是一种重要的数据收集方法，通过记录教师在实际教学中对新技能的应用情况，可以更直观地评估培训的实际效果。观察记录不仅关注教师对新知识的掌握程度，还关注他们在课堂上创新应用这些知识的能力。这种方式可以识别出培训项目中哪些部分最能促进教师的教学实践，从而为后续培训的改进提供有价值的依据。课堂观察的数据也为教育管理者提供了真实的现场反馈，帮助他们更好地支持教师的专业发展。

建立教师自我评估机制是促进教师反思学习过程和成果的重要手段。通过自我评估，教师可以更深入地了解自身的学习进展和专业成长，识别出自身的优势和需要改进的领域。自我评估不仅是教师个人发展的工具，也是整个教育质量提高的重要组成部分。鼓励教师进行自我评估，可以增强他们的自主学习能力，促进其在专业化背景下的持续改进和发展。

数据分析技术的应用,为教师继续教育质量监控提供了科学的支持。对教师学习参与度和知识掌握情况的量化评估,可以识别出培训项目的优势与不足。这种量化评估不仅能够为教育管理者提供客观的数据支持,还能为教师提供清晰的学习反馈,帮助他们更好地规划自己的学习路径。数据分析的结果,可以作为教育决策的重要依据,推动继续教育项目的优化和创新。

三、教师继续教育质量监控的反馈机制

(一)反馈渠道设计

在教师继续教育的实施过程中,反馈渠道的设计至关重要。有效的反馈渠道能够确保教育项目的质量得到持续的监控和提高。

1. 设立定期的教师反馈会议

通过定期的反馈会议,教师可以分享他们对继续教育项目的看法和建议,从而促进课程的改进和优化。这种面对面的交流形式不仅有助于及时发现问题,还能激发教师的参与热情,增加他们对继续教育项目的投入。

2. 建立在线反馈平台

教师可以随时通过在线反馈平台提交对继续教育资源和培训内容的意见,确保反馈的及时性和便利性。这种方式不仅打破了时间和空间的限制,还为教师提供了一个自由表达意见的渠道。通过在线反馈平台,教育管理者可以迅速获取大量的反馈信息,从而更快地作出调整和改进。

3. 匿名问卷调查

匿名问卷调查是收集教师对继续教育满意度和建议的有效工具。通过这种方式,教师可以在不暴露个人身份的情况下自由表达自己的真实想法。这不仅保护了教师的隐私,还鼓励他们提供更为真实和客观的反馈。匿名问卷的结果能够为教育管理者提供一个全面的视角,帮助他们了解教师的真实需求和继续教育项目的实际效果。

4. 实施同行评审

教师之间的互相评价和反馈能够促进集体学习和经验分享。在这种机制下,

教师不仅是被评估者，也是评估者，这种双重身份使他们在参与过程中更加积极和主动。同行评审不仅增强了教师之间的合作意识，还为继续教育项目的改进提供了多元化的视角。

5. 建立定期的培训效果报告制度

通过定期的培训效果报告制度，教师能够及时了解到自己在继续教育中的学习进展和成果。这种透明的反馈方式不仅增强了学习的透明度和责任感，还能够激励教师不断提升自我。定期的培训效果报告不仅是对教师学习过程的总结，也是对他们学习成果的肯定和激励。

（二）反馈信息分析

通过对教师反馈信息的定量指标进行分析，可以识别出教师对继续教育项目的满意度和培训效果的具体数据趋势。这一过程不仅涉及对满意度的简单统计，更需要深入理解教师对各个培训模块的具体感受和意见。通过量化的指标，如满意度评分、培训后教学效果的对比等，可以直观地了解教师的需求和培训项目的有效性。这些数据为教育管理者提供了一个清晰的视角，帮助他们调整和优化培训项目，以更好地满足教师的专业发展需求。

在分析反馈信息时，评估不同培训内容与教师实际需求之间的匹配程度是至关重要的。通过对反馈数据的深入挖掘，可以确定哪些内容最受教师欢迎，哪些内容在实施过程中可能存在挑战。了解教师对课程内容的偏好和需求，有助于教育管理者在设计未来培训项目时，选择更具针对性和实用性的内容。这样的分析不仅提高了培训的有效性，也增强了教师参与培训的积极性和主动性，使培训成为教师职业发展的有力支撑。

通过对反馈信息的分类，识别教师在学习过程中遇到的共性问题，可以为制定针对性的改进措施提供依据。教师在反馈中常常会提到在学习新知识或技能时遇到的困难，这些问题可能涉及课程内容的复杂性、教学方法的适用性等。通过系统化的分析，教育管理者可以发现这些共性问题，并针对性地调整课程设计或教学方法，以提高教师继续教育的整体质量和效果。

分析教师在应用新技能时的反馈，是了解他们在实际教学中面临的困难和成功经验的重要途径。教师在培训后将所学技能应用于教学实践中，这一过程中的反馈信息是评估培训效果的重要依据。通过分析这些反馈，可以了解教师在实际操作中遇到的障碍，以及他们成功运用新技能的经验。这些信息不仅为后续的培训设计提供了参考，也为同行教师提供了宝贵的实践经验。

（三）反馈结果应用

将反馈结果纳入继续教育课程的设计，能够确保课程内容持续匹配教师的实际需求。这种动态调整机制不仅有助于增强课程的针对性和实效性，还能使教师在参与继续教育时感受到专业成长和发展。课程设计者应定期收集教师的反馈意见，分析其需求变化，并据此调整课程内容，以便更好地支持教师的专业发展。

根据反馈信息调整培训方法是提升教师学习效果的关键。不同教师在学习风格和接受信息的方式上存在差异，通过反馈可以识别这些差异，并采用更适合的教学策略。例如，一些教师可能更倾向于实践性学习，而另一些则可能偏好理论性探讨。通过反馈结果的分析，培训组织者可以适时调整教学方法，采用多样化的教学策略，以满足不同教师的学习需求，从而提高培训的有效性和教师的参与度。

利用反馈结果评估培训项目的长期影响是教师继续教育质量监控的重要环节。通过分析教师在职业发展中的变化，可以了解培训项目对其专业发展的实际贡献。这一评估过程不仅有助于识别有效的培训策略，还能为未来的继续教育方向提供指导。通过对反馈结果的深入分析，教育管理者可以调整和优化继续教育项目，以更好地支持教师的职业生涯发展。

四、教师继续教育质量提高的策略与方法

（一）教学方法改进

1. 运用翻转课堂

翻转课堂模式鼓励教师在继续教育中自主学习相关理论知识，并在课堂上进行深入讨论与实践操作。教师通过课前自主学习，掌握基本理论和概念，然后在课堂上与同事和专家进行互动交流，分享学习心得和实践经验。这种学习方式不仅提高了教师的自主学习能力，还促进了教师之间的合作与交流，使继续教育的过程更加丰富多彩。

2. 实施项目式学习

项目式学习的实施为教师提供了围绕具体教育问题进行团队合作与解决

方案设计的机会。这种学习方式促使教师在实际问题的解决过程中提升协作与创新能力。项目式学习要求教师在团队中明确分工,结合各自的专业知识与技能,共同探讨并解决教育教学中的实际问题。这种实践导向的学习方式不仅提高了教师的实际操作能力,还增强了他们的团队合作意识和创新思维能力。

3.整合多媒体与信息技术

通过丰富继续教育的教学形式,教师可以提升自身的数字素养与现代教学能力。多媒体与信息技术的应用,使教学内容更加生动形象,教师能够利用各种数字化工具进行教学设计与实施,提高教学的互动性和吸引力。此外,信息技术的应用还为教师提供了更多的资源与平台,支持他们在继续教育中进行个性化学习与专业发展。

(二)课程内容优化

1.结合最新研究成果

在专业化背景下,课程内容应紧密结合最新的教育研究成果,确保教师能够掌握最前沿的教育理论与实践方法。这不仅有助于教师更新其知识储备,还能为其提供新的视角和方法,以应对教育实践中的复杂问题。通过引入最新的教育研究成果,教师能够更好地理解学生的学习需求和心理发展,从而设计出更具针对性和有效性的教学活动。

2.强调跨学科整合

课程设计应强调跨学科整合,这对促进教师在多学科背景下的综合素养提升至关重要。跨学科整合可以帮助教师打破单一学科的局限,培养其在不同学科之间建立联系的能力。这种能力不仅有助于教师自身的专业发展,还能影响其教学方法,促使其在课堂上引导学生进行跨学科思考,培养学生的创新能力和解决问题的能力。通过跨学科的学习,教师可以更好地理解和应用不同学科的知识,进而拓展其教学的深度和广度。

3.定期更新课程内容

为了确保教师能够学习到与时俱进的教学策略与技术,课程内容应定期更新。教育领域的发展日新月异,新技术、新方法层出不穷,因此,教师继续教育课程必须紧跟时代步伐，及时更新课程内容。这种更新不仅包括教学理论和方法的革新，还涉及教育技术的应用和教育政策的变化。通过不断更新课程内容，教师可以保持其专业知识的鲜活性和实用性，从而在教学中更加游刃有余。

4.引入反思性实践模块

反思性实践鼓励教师在学习过程中进行自我评估与反思，从而促进其持续的专业发展。通过反思，教师可以更深入地了解自己的教学实践，识别出其中的优势和不足，并据此进行调整和改进。反思性实践不仅提高了教师的自我意识和自我管理能力，还增强了其对教学质量的责任感，推动其不断追求卓越。通过这种持续的反思与改进，教师的专业能力和教学效果将得到显著提升。

(三)学习效果全面评估

一个有效的评估体系应当是多维度的，涵盖知识掌握、技能应用和态度变化等方面。这种全面的评估不仅能够反映出教师培训的直接效果，还可以揭示出培训在更深层次上对教师专业发展的影响。知识掌握评估关注教师在培训后对新知识、新理论的理解和记忆程度，而技能应用评估则着眼于教师在实际教学中如何灵活运用这些新知识。此外，态度变化评估可以帮助管理者了解教师在培训后对教学工作的态度和热情是否发生了积极的变化。这些多维度的评估共同构成了一个完整的学习效果评估体系，为教师继续教育质量的提高提供科学的依据。

实施定期的自我评估是提高教师继续教育质量的有效策略。通过自我评估，教师能够在学习过程中主动进行自我反思，识别个人成长和发展需求。这种自我驱动的评估方式不仅可以帮助教师更好地理解自己的学习进程，还可以激发他们的内在学习动力。自我评估机制的设计应当鼓励教师在不同的学习阶段进行反思，记录他们在知识掌握、技能应用和态度变化方面的进步与不足。这种持续的自我评估过程有助于教师不断调整学习策略，最终实现更高效的学习。

同行评审作为一种促进教师之间相互评价和反馈的方式，也在提高继续教育的整体质量中发挥着重要作用。通过同行评审，教师可以在一个开放的环境中分享彼此的教学经验和学习成果。这种互动不仅能够提供有价值的反馈，还能帮助教师在比较中发现自己的优劣势，从而激励他们不断改进教学实践。同行评审的实施需要建立在信任和尊重的基础上，确保教师能够坦诚地交流和学习。通过这种方式，教师不仅能够提升个人的教学能力，还能促进整个教师群体的专业发展。

设计基于实际教学情境的评估工具是验证培训效果实际转化的关键。这些工具应当能够观察教师在课堂中应用新技能的表现,评估其教学策略的有效性。实际教学情境中的评估不仅可以提供关于教师技能应用的直接反馈,还可以帮助识别出培训内容与实际教学需求之间的差距。这种基于情境的评估需要灵活多样,能够适应不同学科和教学环境的特点,从而提供更具针对性的反馈和支持。

数据分析技术在学习效果评估中具有重要的应用价值。通过定量分析教师的学习参与度和知识掌握情况,管理者可以获得关于培训效果的客观数据。这些数据不仅可以用于评估当前培训的有效性,还可以为后续培训的改进提供科学的决策依据。数据分析技术的应用需要结合教师的实际教学情况,确保评估结果的准确性和可靠性。通过这些技术手段,教师继续教育的质量提高将更加有据可依,最终实现教师专业能力的全面提升。

第五章　专业化背景下教师继续教育案例

第一节　校本培训与研修的成功案例
——北京市某中学“课堂教学创新”校本培训项目

一、背景与问题

北京市某中学是一所历史悠久、文化底蕴深厚的重点中学。长期以来，学校以其优质的教育资源和丰硕的教学成果赢得了社会的广泛赞誉。然而，随着教育改革的不断深入，学校面临着新的挑战和机遇。特别是近年来，随着学生个性化学习需求的日益增长，学校发现部分教师的教学方式仍然以传统的讲授法为主，难以满足学生多样化的学习需求。具体表现为以下几个方面：

第一，部分教师的教学方法单一，缺乏创新，导致课堂氛围沉闷，学生参与度不高；第二，部分教师在教学设计中忽视了学生的主体地位，缺乏对学生个体差异的关注，使得教学效果不尽如人意；第三，学校在教学评价方面也存在一定的不足，过于注重考试成绩，忽视了对学生综合能力和核心素养的培养。

为了解决这些问题，学校决定开展以“课堂教学创新”为主题的校本培训项目，旨在提升教师的教学设计能力和课堂管理能力，推动学校教育教学质量的全面提升。

二、实施过程

(一)需求调研与方案设计

为了确保培训项目的针对性和实效性，学校在项目启动之初进行了深入的需求调研。通过问卷调查和教师座谈会等方式，学校广泛征求了教师的意见和建议，了解了教师在课堂教学中的困惑和需求。在此基础上，学校结合教育改革的要求和学校发展的实际，确定了培训主题为“课堂教学创新”，并制定了详细的培训方案。

培训方案包括理论学习、课堂实践和反思研讨三个阶段，为期一年。理论学习阶段主要围绕教学设计、课堂互动、学生评价等核心议题进行专题讲座和分组讨论;课堂实践阶段要求每位教师设计一节创新课例,并在教研组内进行公开教学;反思研讨阶段则通过观摩评课、撰写教学反思报告和成果展示等方式,促进教师之间的交流和学习。

(二)理论学习与专家指导

在理论学习阶段,学校邀请了多位教育专家进行专题讲座。这些专家既有来自高校的教育学教授,也有来自一线的优秀教师和教研员。他们结合自身的实践经验,从核心素养导向的教学设计、课堂互动策略、学生评价方法等多个角度为教师提供了丰富的理论知识和实践案例。

教师通过集中学习和分组讨论,逐步掌握了新的教学理念和方法。在专题讲座中,教师们认真聆听专家的讲解,积极参与互动环节,提出了许多有价值的问题和建议。在分组讨论中,教师们围绕共同关心的问题进行深入探讨,分享了自己的经验和做法,形成了良好的学习氛围。

此外,学校还组织教师观看了优秀教学视频和案例,引导教师从中汲取灵感和启示。通过观看视频和案例,教师们更加直观地了解了创新教学的方法和策略,为后续的课堂实践打下了坚实的基础。

(三)课堂实践与观摩评课

在课堂实践阶段,每位教师都设计了一节创新课例,并在教研组内进行了公开教学。这些课例涵盖了语文、数学、英语、物理、化学等多个学科领域,充分展示了教师们在教学创新方面的探索和尝试。

在公开教学中,教师们运用了多种教学方法和手段,如项目式学习、翻转课堂、合作学习等,激发了学生的学习兴趣和积极性。同时,教师们还注重培养学生的自主学习能力和批判性思维能力,鼓励学生主动探究和解决问题。

为了促进教师之间的交流和学习,学校还组织了观摩评课活动。在观摩评课过程中,教师们认真观看了其他教师的课堂实录,并从教学目标、教学设计、学生参与度等方面进行了深入分析。在评课环节中,教师们积极发言,提出了许多宝贵的意见和建议。通过观摩评课活动,教师们不仅发现了自己在教学中的不足和需要改进的地方,还从其他教师身上学到了许多新的教学方法和策略。

(四)反思总结与成果展示

在培训项目的最后阶段,学校要求每位教师提交一份教学反思报告,并在全校范围内进行成果展示。这些报告不仅记录了教师们在教学创新方面的探索和尝试,还深刻反思了其在教学中的得失和成长。

在成果展示环节中,教师们通过 PPT、视频等多种形式展示了自己的教学成果和反思报告。他们分享了自己在教学创新中的经验和教训,以及对学生学习效果的观察和评估。通过成果展示活动,教师们不仅展示了自己的教学能力和专业素养,还促进了相互之间的学习和交流。

此外,学校还评选出了优秀课例和优秀反思报告,并将其汇编成册,供全校教师参考和学习。这些优秀案例不仅为学校的教学改革提供了有益的借鉴和启示,还为教师们的专业发展提供了宝贵的资源和支持。

三、成效分析

(一)教师能力提升

通过培训项目的实施,教师们的教学设计能力和课堂管理能力得到了显著提升。他们不仅掌握了新的教学理念和方法,还能够在教学中灵活运用这些理念和方法,取得了良好的教学效果。部分教师还尝试将项目式学习、翻转课堂等新模式引入教学中,为学生的学习提供了更加多样化和个性化的选择。例如,在数学学科中,一位教师设计了一个基于项目式学习的课程,引导学生通过小组合作的方式解决一个实际问题。在这个过程中,学生们不仅掌握了数学知识,还学会了如何与他人合作、如何提出问题并解决问题等重要的技能和素养。这样的教学方式不仅提高了学生的学习兴趣和积极性,还培养了学生的自主学习能力和批判性思维能力。

(二)学生学习效果改善

随着教师们教学能力的提升和教学方式的创新,学生们的学习效果也得到了显著改善。他们在课堂上的参与度更高了,学习兴趣更浓厚了,考试成绩也有所提升。例如,在语文学科中,一位教师采用了合作学习的方式进行教学。她将学生分成若干小组,每个小组负责一个课文段落的学习。在学习过程中,学生们需要相互讨论、相互帮助,共同完成任务。这样的教学方式不仅提高了学生的学习效率，还培养了学生的团队合作精神和沟通能力。

此外，家长们也对学校的教学改革给予了高度评价。他们认为学校的教学改革更加符合学生的实际需求和发展方向，有助于培养学生的综合素质和创新能力。

（三）学校教研氛围增强

培训项目的实施还促进了教师之间的交流与合作，增强了学校的教研氛围。教师们通过共同学习和实践，形成了良好的团队合作精神和互助意识。他们不仅愿意分享自己的经验和做法，还积极向其他教师请教和学习。

在教研活动中，教师们围绕共同关心的问题进行深入探讨和交流，形成了良好的学术氛围和研讨氛围。他们通过相互学习和借鉴，不断优化自己的教学方法和手段，提高了教学效果和质量。

此外，学校还建立了完善的教学资源库和教研平台，为教师们的专业发展提供了有力的支持和保障。这些资源库和平台不仅为教师们提供了丰富的教学资源和案例，还为他们提供了交流和学习的机会与平台。

四、经验总结

（一）成功经验

1. 培训内容贴近教师实际需求

学校在培训项目的实施过程中，始终坚持问题导向和需求导向，注重解决教师在教学中的实际问题。通过问卷调查和教师座谈会等方式，学校广泛征求了教师的意见和建议，了解了教师在课堂教学中的困惑和需求。在此基础上，学校结合教育改革的要求和学校发展的实际，制定了详细的培训方案，确保了培训内容的针对性和实效性。

2. 专家指导与同伴互助相结合

学校在培训项目中邀请了多位教育专家进行专题讲座和指导，为教师提供了丰富的理论知识和实践案例。同时，学校还注重发挥同伴互助的作用，鼓励教师之间相互学习和交流。通过分组讨论、观摩评课等方式，教师们可以相互借鉴和学习彼此的教学经验和做法，形成了良好的学习氛围和团队合作精神。

3. 通过公开课和评课活动促进教师之间的交流与学习

公开课和评课活动是培训项目中非常重要的环节。通过公开课和评课活动，教师们可以展示自己的教学成果和反思报告，同时也可以观摩其他教师的课堂实录和评课过程。这样的活动不仅促进了教师之间的交流和学习，还提高了教师们的教学能力和专业素养。

(二)不足之处

1. 部分教师因教学任务繁重参与度有限

由于部分教师的教学任务繁重，他们难以抽出足够的时间和精力参与培训项目的学习和实践活动。这导致部分教师在培训项目中的参与度不高，影响了培训效果和质量。

2. 培训时间较长，部分教师反映学习压力较大

培训项目为期一年，时间较长，部分教师反映在学习过程中感到压力较大。他们需要在繁忙的教学工作之余抽出时间参加培训项目的学习和实践活动，这增加了他们的负担和压力。

(三)改进建议

1. 优化时间安排，减轻教师负担

针对部分教师因教学任务繁重参与度有限的问题，学校可以优化培训项目的时间安排，减轻教师的负担。例如，可以将培训项目分散到不同的学期或学年进行，或者将部分学习内容放在线上进行自学和讨论等。这样可以为教师们提供更加灵活和便捷的学习方式，提高他们的参与度和学习效果。

2. 增加个性化培训内容，满足不同教师的需求

针对培训时间较长、部分教师反映学习压力较大的问题，学校可以增加个性化培训内容，满足不同教师的需求。例如，可以根据教师的学科领域、教学经验等因素进行分组培训，为不同层次的教师提供有针对性的学习内容和实践指导。同

时，也可以为教师们提供更多的自主选择和自我发展的机会和空间，激发他们的学习热情和积极性。

第二节　网络远程教育的典型案例——浙江省丽水市乡村教师信息化教学能力提升项目

一、背景与问题

在信息化快速发展的今天，教育领域的数字化转型已成为必然趋势。然而，浙江省丽水市教育局在调研中发现，乡村地区的教师在信息化教学能力方面存在明显短板。这些教师往往缺乏必要的信息技术知识，难以有效利用现代信息技术手段进行教学设计和实施，进而影响了乡村教育的整体质量和效率。具体表现在以下几个方面：

第一，技术设备利用不足，尽管许多乡村学校已经配备了电脑、投影仪等现代化教学设备，但教师们往往因为不熟悉操作而很少使用，导致这些设备闲置。第二，教学资源匮乏，乡村教师难以获取高质量的数字化教学资源，导致教学内容单一，难以激发学生的学习兴趣。第三，教学方法传统，部分乡村教师仍然沿用传统的讲授式教学方法，缺乏对学生主体性和主动性的关注，难以适应信息化时代的教学需求。

二、平台建设与课程设计

为了确保项目的顺利实施，丽水市教育局依托国家级教师培训平台，结合本地乡村教师的实际需求，精心设计了以下课程内容。

（一）“信息化教学设计与实施”课程

该课程旨在帮助教师理解信息化教学的核心理念，掌握信息化教学设计的基本方法和步骤。通过视频讲座、案例分析等形式，教师们可以深入了解如何运用信息技术手段优化教学过程，提高教学效果。

（二）“在线教学工具应用”课程

该课程重点介绍了一系列实用的在线教学工具，如在线协作平台、互动问答系统、在线测评软件等。教师们可以通过实践操作，熟练掌握这些工具的使用方法，为开展线上教学打下基础。

(三)“数字化资源开发”课程

该课程旨在培养教师的数字化资源开发能力。通过教授如何制作微课、动画、PPT 等数字化教学资源,教师们可以自主开发适合本地教学需求的高质量教学资源。

三、在线学习与互动交流

在项目实施过程中,教师们通过在线学习平台完成课程内容的学习,并积极参与平台上的讨论区活动。这些讨论区不仅为教师们提供了一个分享学习心得、交流教学经验的平台,还成为教师们相互学习、共同成长的社区。

为了增强项目的互动性和针对性,项目组还设置了在线答疑环节,由专家团队定期在线解答教师们在学习过程中遇到的问题和困惑,确保教师们能够及时获得专业指导和支持。此外,项目组还鼓励教师之间建立学习小组,通过小组合作、互相督促的方式提高学习效果。

四、实践任务与考核评价

为了确保教师们能够将所学内容真正应用于实际教学,项目组设计了以下实践任务和考核评价环节。

第一,信息化教学设计任务。教师们需要完成一份信息化教学设计方案,该方案应体现信息化教学的核心理念和方法,并结合本地教学实际进行创意设计。

第二,实际教学应用。教师们需要将设计好的信息化教学方案应用于实际教学,并收集学生的学习反馈和教学效果数据。

第三,线上评审与实地调研。项目组通过线上评审教师们提交的教学设计方案和教学效果数据,同时组织专家团队进行实地调研,深入了解教师们在实际教学中的应用情况和学生的学习体验。

五、成效分析

(一)教师能力提升

经过项目的实施,参训教师们的信息化教学能力得到了显著提升。他们不仅掌握了信息技术手段的基本操作方法，还学会了如何运用这些手段优化教学过程、提高教学效果。部分教师还尝试将微课、在线测评等工具应用于教学，取得了良好效果。这些变化不仅体现在教师们的教学理念和方法上，还体现在他们的教学态度和自信心上。教师们更加积极地拥抱信息化教学，愿意不断探索和实践新的教学方法和手段。

（二）教学效果改善

随着教师们信息化教学能力的提升，乡村学校的教学效果也得到了显著改善。学生们的学习兴趣和参与度明显提高，他们更加喜欢这种新颖、有趣的教学方式。同时，学生们的学习成绩也有了不同程度的提升。这些变化不仅体现在学生们的学业成绩上，还体现在他们的学习态度和行为习惯上。他们更加愿意主动学习、探究问题，形成了良好的学习氛围。

（三）区域教育均衡发展

项目的实施不仅提升了乡村教师的信息化教学能力，还促进了区域教育的均衡发展。通过项目的推广和实施，城乡教师之间的信息化教学能力差距逐渐缩小，乡村学校的教学质量得到了显著提升。这不仅有助于缩小城乡教育差距，还有助于提高乡村教育的整体水平和竞争力。

六、经验总结

（一）成功经验

1. 网络平台资源丰富，学习时间灵活

国家级教师培训平台提供了丰富的课程资源和学习工具，满足了教师们多样化的学习需求。同时，教师们可以根据自己的时间安排和学习进度自主选择学习内容，确保了学习的灵活性和自主性。

2. 课程内容实用，注重实践应用

项目设计的课程内容紧密贴合乡村教师的实际需求和教学实际，注重实践应用和操作技能的培养。通过视频讲座、案例分析、实践任务等形式，教师们能够直观地理解和掌握信息化教学的基本方法和技巧。

3.专家团队支持,确保学习效果

项目组邀请了多位教育信息化领域的专家和教师参与课程设计、答疑和指导工作。他们凭借丰富的经验和专业知识,为教师们提供了专业、有针对性的支持和帮助,确保了学习效果的提升。

(二)不足之处

1.部分教师对网络学习的适应性较差

由于部分乡村教师的信息技术素养较低,他们对网络学习的适应性和接受度有待提高。一些教师在使用在线学习平台时遇到了一些困难,影响了他们的学习体验和效果。

2.线上互动性不足,教师之间的交流较少

虽然项目组设置了讨论区和在线答疑环节,但教师之间的交流和互动仍然较少。一些教师表示,他们希望能够有更多的机会与其他教师进行面对面的交流和分享。

(三)改进建议

1.增加线上互动环节,提升教师参与感

项目组可以进一步丰富线上互动环节的形式和内容,如组织线上研讨会、工作坊等活动,鼓励教师们积极参与交流和分享。同时,可以设置一些奖励机制,如优秀学员评选、学习成果展示等,以激发教师们的学习积极性和参与感。

2.提供更多技术支持,帮助教师适应网络学习

项目组可以为教师们提供更多的技术支持和帮助,如开设信息技术培训课程、提供在线技术支持服务等。通过这些措施,帮助教师们更好地适应网络学习环境和工具的使用,提高他们的信息技术素养和学习效率。

3. 加强后续跟踪和评估，确保持续进步

项目组可以建立后续跟踪和评估机制，定期收集教师们的学习反馈和教学应用情况，并根据评估结果进行针对性的指导和支持。同时，可以组织定期的回访和调研活动，了解教师们在实际教学中的应用情况和学生的学习体验，为项目的持续改进和优化提供依据。

第三节　创新路径探索的实践案例——上海市徐汇区“跨校合作＋项目式学习”教师继续教育项目

一、背景与问题

在教育改革不断深化的背景下，教师作为教育质量的关键因素，其专业成长日益受到重视。上海市徐汇区教育局积极响应国家号召，致力于探索一条能够有效促进教师专业发展的创新路径。面对传统教师培训模式中存在的理论与实践脱节、缺乏互动性、难以激发教师内在动力等问题，徐汇区教育局决定尝试“跨校合作＋项目式学习”的新型教师继续教育模式，旨在通过打破学校间的壁垒，促进教师之间的交流与合作，以项目为载体，提升教师的教学设计能力和创新能力，进而推动区域教育质量的整体提升。

二、实施过程

(一)组建跨校学习共同体

徐汇区教育局精心挑选了区内 10 所具有代表性的学校，这些学校涵盖了从小学到高中的各个阶段，以及不同类型的学校(如公立、私立、特色学校等)，确保了学习共同体成员的多样性。随后，将这 10 所学校的教师按照学科交叉的原则分为 5 个小组，每个小组由来自不同学校的语文、数学、英语、科学、艺术等多个学科的教师组成。这样的分组方式旨在促进不同学科教师之间的思想碰撞，激发创新思维。

(二)项目式学习与深度研讨

项目围绕“核心素养导向的教学设计”这一主题展开，每个小组需结合本学科特点，设计并实施一个教学项目。例如，语文组可能围绕“如何在阅读教学中培养学生的批判性思维”，数学组则可能关注“如何通过问题解决教学提升学生的数学建模能力”。在项目实施过程中，教师们不仅要进行课堂实践，还要定期举行小组研讨会，分享教学经验，探讨遇到的问题，共同寻找解决方案。这种基于真实教学情境的学习模式，极大地增强了学习的实践性和针对性。

为了确保项目的顺利实施，徐汇区教育局还为每个小组配备了专业的项目导师，这些导师是来自高校、研究机构或教育领域的专家，他们不仅提供理论指导，还参与项目的设计、实施和评估全过程，为教师们提供了宝贵的专业支持。

(三)专家指导与成果展示交流

项目中期，徐汇区教育局组织了一次专家指导会，邀请了多位国内外知名的教育专家对项目进行点评和指导。专家们从教学设计理念、教学方法创新、学生核心素养培养等多个维度对项目进行了深入剖析，提出了许多建设性的意见和建议。这不仅帮助教师们拓宽了视野，也促使他们对自己的教学项目进行了更加深入的反思和改进。

项目结束后，徐汇区教育局举办了一场盛大的成果展示交流会，各小组展示了他们的教学项目成果，包括教学设计案例、学生作品展示、教学视频等。通过这一平台，教师们不仅展示了自己的教学成果，也学习到了其他小组的宝贵经验，形成了良好的学习氛围。

三、成效分析

(一)教师能力提升显著

经过一年的项目实施，教师们的教学设计能力和创新能力得到了显著提升。他们开始更加注重学生的核心素养培养，能够灵活运用多种教学策略和方法，激发学生的学习兴趣和主动性。同时，教师们的教学反思能力也得到了加强，他们学会了如何在教学过程中不断发现问题、分析问题和解决问题，从而不断优化自己的教学实践。

(二)区域教育质量整体提升

项目的实施不仅促进了教师个人的专业成长，也推动了徐汇区教育质量的整体提升。通过跨校合作和项目式学习，教师们不仅分享了各自的教学经验，也促进了教育资源的共享和优化配置。此外，项目的实施还带动了学校之间的交流和合作，促进了教育资源的均衡分布，缩小了校际之间的差距。

四、经验总结

（一）成功经验

1.跨校合作打破了学校壁垒

通过跨校合作，教师们得以跨越学校的界限，与来自不同背景、不同学科的同事进行交流和合作。这不仅拓宽了他们的视野，也促进了教育资源的共享和优化配置。

2.项目式学习增强了实践性

项目式学习模式使教师们能够在真实的教学情境中进行学习和实践。他们不仅要设计教学方案，还要进行课堂实践、收集数据、分析效果，这种全过程参与的学习方式极大地增强了学习的实践性和针对性。

3.专家指导与成果推广提升了项目质量

专家的指导和点评为教师们提供了宝贵的专业支持，帮助他们不断优化教学方案。同时，成果的展示和交流也为教师们提供了学习和借鉴的机会，推动了项目质量的整体提升。

（二）不足之处

1.协调难度大

跨校合作涉及多个学校和多个部门的协调配合，需要耗费大量的时间和精力。在项目实施过程中，偶尔会出现沟通不畅、资源分配不均等问题，影响了项目的顺利进行。

2.资源分配不均

由于各学校的资源条件和发展水平存在差异，部分学校在项目实施过程中可能会面临资源不足的问题。这在一定程度上影响了项目的实施效果和教师的参与度。

(三)改进建议

1.完善组织机制

建立更加完善的组织机制,明确各参与方的职责和分工,加强沟通和协调,确保项目的顺利实施。同时,可以设立专门的项目管理团队,负责项目的整体规划和执行监督。

2.优化资源配置

在项目实施过程中,要注重资源的优化配置和合理利用。可以通过建立资源共享平台、提供专项经费支持等方式,缓解资源分配不均的问题。同时,也要鼓励各学校根据自身实际情况进行资源整合和创新利用。

3.加强后续跟踪与评估

项目结束后,要加强对项目成果的跟踪和评估工作。可以通过问卷调查、访谈、课堂观察等方式收集教师和学生的反馈意见,对项目效果进行客观评价。同时,也要根据评估结果及时总结经验教训,为今后的项目实施提供参考和借鉴。

第四节　综合型继续教育项目的典型案例——某师范大学与地方教育局合作的“智慧教育·未来教师”综合型教师继续教育项目

一、背景与问题

在信息化教育迅速发展的背景下,某师范大学与某地方教育局携手合作,共同设计并实施了一项名为“智慧教育·未来教师”的综合型教师继续教育项目。该项目旨在通过系统化的培训,全面提升地方中小学教师的职业素养、教学能力和教育技术应用能力,以应对信息化教育带来的挑战,促进教育公平与质量的双重提升。

当前,地方教育系统面临着诸多挑战,如教师队伍老龄化、教育技术应用水平参差不齐、教学理念更新滞后等问题。这些问题不仅影响了教学质量,也制约了教育现代化的步伐。因此,地方教育局与某师范大学合作,希望通过该项目为教师们提供一个学习交流的平台,帮助他们掌握新的教育理念和方法,提升专业素养和教学能力。

二、实施过程

(一)理论学习与在线学习

项目首先通过集中学习和在线课程相结合的方式,帮助教师们掌握新的教育理念和方法。集中学习阶段,某师范大学邀请了多位知名教育专家进行授课,内容涵盖现代教育理论、教学设计、学生心理等多个方面。同时,还组织了教学观摩活动,让教师们有机会近距离学习优秀教师的教学方法和技巧。

在线学习阶段,项目依托某师范大学的在线教育平台,为教师们提供了丰富的课程资源。这些课程既包括教育基本理论、教学方法等必修课程,也包括信息技术应用、教育心理学等选修课程。教师们可以根据自己的兴趣和需求选择适合自己的课程进行学习。在线学习平台还提供了学习进度跟踪、在线测试等功能,帮助教师们更好地掌握所学知识。

(二)课堂实践与反思总结

理论学习结束后,项目进入了课堂实践阶段。教师们将所学内容应用到实际教学中,通过实践来检验和巩固所学知识。项目鼓励教师们进行创新性教学尝试,如利用信息技术手段丰富教学内容、优化教学过程等。同时,项目还组织了多次教学观摩和交流活动,让教师们有机会相互学习、共同提高。

在实践过程中,教师们不仅关注教学效果的提升,还注重对自身教学实践的反思和总结。他们通过撰写教学日志、教学反思报告等方式,记录自己在教学过程中的得失和感悟。这些反思和总结不仅有助于教师们不断改进自己的教学方法和技巧,也为项目后续的改进和优化提供了宝贵的参考。

(三)跟踪指导与持续支持

为了确保项目效果的持续性和稳定性,项目还建立了跟踪指导与持续支持机制。在项目实施期间,某师范大学的专家和项目组成员定期深入学校进行实地指导,与教师们面对面交流,解答他们在实践中遇到的问题和困惑。同时,项目还建立了线上交流平台,方便教师们随时随地进行交流和讨论。

此外,项目还为教师们提供了持续的学习资源和支持。他们可以通过在线教育平台继续学习新的课程和资源,也可以参加项目后续组织的各类培训和交流活动。这些持续的支持和资源不仅有助于教师们不断提升自己的专业素养和教学能力,也为他们提供了一个持续学习和成长的环境。

(四)成效分析

1. 教师能力提升

经过项目的实施,教师们的职业素养、教学能力和教育技术应用能力得到了显著提升。他们不仅掌握了新的教育理念和方法,还学会了如何运用信息技术手段来优化教学过程、提高教学效果。同时,教师们的教学反思能力和创新能力也得到了增强,他们更加注重在教学实践中不断探索和创新。

在项目实施前后进行的问卷调查和访谈中,教师们普遍表示自己的教学水平得到了提高,学生的学习兴趣和成绩也有了明显改善。一些教师还表示,通过项目的实施,他们更加明确了自己的教学方向和职业目标,对未来充满了信心和期待。

2. 项目实施效果

"智慧教育·未来教师"项目得到了参训教师的高度评价。他们普遍认为项目的课程设计合理、内容丰富、实用性强,能够切实帮助他们提升专业素养和教学能力。同时,项目的实施过程也让他们感受到了学习的乐趣和成长的快乐。

此外,项目的实施还取得了良好的社会效益。通过提升教师的专业素养和教学能力,项目为地方教育系统培养了一批优秀的骨干教师,为当地教育质量的提升作出了积极贡献。同时,项目的实施也促进了教育资源的优化配置和共享,推动了教育公平的实现。

三、经验总结

(一)成功经验

1. 多种模式有机结合

"智慧教育·未来教师"项目成功地将集中学习、在线学习、课堂实践等多种模式有机结合在一起，形成了一个完整的学习体系。这种多元化的学习模式不仅满足了教师们多样化的学习需求，也提高了学习的针对性和实效性。

2. 注重教师个性化需求

项目在实施过程中充分考虑了教师们的个性化需求。通过问卷调查、访谈等方式了解教师们的学习需求和兴趣点，并根据这些需求设计课程内容和活动形式。这种个性化的服务不仅提高了教师们的学习积极性和参与度，也增强了项目的针对性和实效性。

3. 建立跟踪指导与持续支持机制

项目建立了跟踪指导与持续支持机制，确保了教师们在学习过程中的持续进步和成长。通过实地指导、线上交流等方式，项目为教师们提供了及时、有效的支持和帮助。这种持续的支持不仅有助于教师们巩固所学知识、提升教学能力，也为他们提供了一个持续学习和成长的环境。

（二）不足之处

1. 实施成本高

"智慧教育·未来教师"项目的实施成本较高，主要包括师资费用、课程资源开发费用、教学设备购置费用等。这些费用对于地方教育局和师范学校来说是一笔不小的开支，限制了项目的推广和普及。

2. 管理难度大

由于项目涉及多个环节和多个参与方，管理难度较大。在项目实施过程中，需要协调各方资源、确保各个环节的顺利进行。同时，还需要对教师们的学习进度和效果进行监督和评估，以确保项目的质量和效果。这些工作都需要投入大量的人力、物力和财力。

（三）改进建议

1. 优化资源配置

为了降低项目的实施成本，可以优化资源配置。例如，可以通过与高校、企业等合作方共享资源、共同开发课程等方式来降低课程资源开发费用；可以通过租赁或共享教学设备等方式来降低教学设备购置费用。同时，还可以加强对项目资金的管理和监督，确保资金的合理使用和高效利用。

2. 完善管理机制

为了提高项目的管理效率和质量，可以完善管理机制。例如，可以建立项目管理团队，明确各成员的职责和分工；可以制定详细的项目计划和进度安排，确保各个环节的顺利进行；可以建立项目监督和评估机制，对项目的实施过程和效果进行监督和评估；可以加强与其他参与方的沟通和协作，共同推动项目的实施和改进。

3. 加强宣传推广

为了扩大项目的知名度和影响力，可以加强宣传推广。例如，可以通过媒体宣传、教育论坛等方式来宣传项目的理念和成果；可以与教育行政部门、学校等合作方建立合作关系，共同推广项目；可以建立项目网站或社交媒体账号，及时发布项目动态和成果，吸引更多人的关注和参与。

4. 注重教师长期发展

在项目的实施过程中，还应注重教师的长期发展。可以建立教师成长档案，记录教师们的学习经历、教学成果和职业发展轨迹；可以为教师们提供个性化的职业发展规划和指导；可以建立教师学习社群，促进教师们之间的交流与合作；可以定期组织教学研讨会、学术交流等活动，为教师们提供学习和成长的机会。

第五节　国际视野下的教师继续教育案例——芬兰教师继续教育体系的经验与启示

一、背景与问题

在全球教育领域，芬兰一直以其卓越的教育质量和成效著称。芬兰学生在国际学生评估项目（PISA）中的持续优异表现，引发了世界各国对芬兰教育体系的广泛关注与研究。其中，芬兰教师的专业素质及其持续发展的继续教育体系被认为是芬兰教育成功的关键因素之一。面对不断提升的教育需求和快速变化的教学环境，芬兰通过建立一套高质量、高自主性的教师继续教育体系，不仅保障了教师的专业成长，也促进了教育质量的持续提升。这一体系为中国乃至全球的教师继续教育提供了宝贵的经验与启示。

二、实施过程

（一）政策支持与课程设计

芬兰政府高度重视教师的继续教育，将其视为提升教育质量、保障教育公平的重要途径。为此，芬兰教育部门制定了一系列政策，明确要求所有教师必须定期参加继续教育，以确保其专业知识和技能的不断更新。这些政策不仅规定了教师每年需完成的继续教育学时数，还明确了继续教育的目标和内容，涵盖学科知识的更新、教学方法的创新、教育心理学等多个方面。

在课程设计上，芬兰教师继续教育注重实用性和前瞻性。课程内容紧密结合教学实践，旨在帮助教师解决教学中遇到的实际问题。同时，课程还引入最新的教育理念和研究成果，引导教师探索更高效的教学方法和技术。此外，芬兰还鼓励教师参与课程开发，以提升课程的针对性和实效性。例如，芬兰某地区的教育部门与当地大学合作，共同开发了一系列针对小学数学教师的继续教育课程。这些课程不仅涵盖了最新的数学教育理念和方法，还邀请了经验丰富的教师分享教学案例和经验。通过参加这些课程，教师们不仅更新了数学知识，还学会了如何将新的教学方法应用于自己的课堂中。

（二）多样化学习形式

芬兰教师继续教育体系的一大特点是学习形式的多样化。为了满足不同教师的需求，芬兰提供了多种继续教育途径，包括大学课程、工作坊、在线学习、国际交流等。

1. 大学课程

芬兰拥有多所世界知名的高等教育机构，这些机构为教师提供了丰富的继续教育资源。教师可以根据自己的兴趣和需求，选择参加相关专业的硕士或博士课程，以深化对某一学科或教育领域的理解。

2.工作坊

芬兰各地经常举办各种类型的教育工作坊，这些工作坊通常由经验丰富的教师、教育专家或学者主持。工作坊内容涵盖教学方法、课程设计、学生评估等多个方面，旨在通过互动和讨论帮助教师提升教学技能。

3.在线学习

随着互联网技术的发展，在线学习已成为芬兰教师继续教育的重要组成部分。芬兰教育部门和相关机构开发了一系列在线课程和资源，教师可以根据自己的时间和节奏进行学习。在线学习不仅方便快捷，还提供了与其他教师交流和分享的平台。

4.国际交流

芬兰鼓励教师参与国际交流活动，通过访问其他国家或地区的学校、参加国际教育会议等方式，了解不同教育体系的特点和优势。这些国际交流经历不仅拓宽了教师的视野，还促进了跨国间的教育合作与交流。

三、成效分析

(一)教师能力提升

芬兰教师继续教育体系的实施，显著提升了教师的专业能力。通过参加多样化的继续教育活动，教师们不仅更新了学科知识和教育理念，还学会了如何运用新的教学方法和技术来改进自己的教学。这些变化不仅体现在教师的教学行为上，更反映在学生的学习成果和满意度上。

此外，芬兰教师继续教育还注重培养教师的反思能力和批判性思维。通过参加各种形式的研讨和交流活动，教师们学会了如何审视自己的教学实践，发现其中的问题和不足，并寻求改进的方法。这种自我反思和持续改进的精神，成为芬兰教师专业成长的重要动力。

(二)国际影响力

芬兰教师继续教育体系的成功实践，不仅在国内产生了积极影响，还在全球范围内产生了广泛的影响力。许多国家和地区纷纷借鉴芬兰的经验,改革自己的教师继续教育体系。

在国际教育会议上,芬兰教师继续教育的议题经常成为讨论的焦点。来自世界各地的教育专家和学者纷纷分享他们对芬兰教师继续教育体系的看法。同时,芬兰也积极与其他国家开展教育合作与交流项目,共同推动全球教育质量的提升。

近年来,中国与芬兰在教育领域的合作日益密切。中国多次组织教育代表团访问芬兰,学习其先进的教育理念和经验。其中,芬兰教师继续教育体系成为代表团重点关注的内容之一。通过学习芬兰的经验,中国正在逐步改革和完善自己的教师继续教育体系,以期提升教师的专业素质和教学质量。

四、经验总结

(一)成功经验

1.政策支持力度大

芬兰政府对教师继续教育的重视程度极高,不仅制定了明确的政策规定,还提供了充足的经费支持。这种自上而下的推动力量,确保了教师继续教育体系的顺利实施和持续发展。

2.教师自主性强

芬兰教师继续教育体系尊重教师的主体地位和自主选择权。教师可以根据自己的兴趣和需求选择参加不同类型的继续教育活动,这种灵活性有助于激发教师的积极性和参与度。

3.课程内容丰富多样

芬兰教师继续教育课程内容涵盖广泛,既有学科知识的更新和拓展,也有教学方法和教育心理学的探讨和研究。这种综合性的课程设计有助于提升教师的全面素质和教学能力。

4.学习形式多样灵活

芬兰教师继续教育体系提供了多种学习形式供教师选择,包括大学课程、工作坊、在线学习和国际交流等。这种多样化的学习形式有助于满足不同教师的需求,提高继续教育的针对性和实效性。

5.注重实践应用和反思提升

芬兰教师继续教育体系注重将理论知识与实践应用相结合,鼓励教师在实践中探索和创新。同时,还强调教师的自我反思和持续改进精神,这种理念有助于推动教师的专业成长和教育质量的持续提升。

(二)启示与借鉴

1.加强政策支持

中国应进一步加强对教师继续教育的政策支持力度,制定更加明确和具体的政策规定,为教师参加继续教育提供有力的制度保障。同时,还应加大对教师继续教育的经费投入,确保各项活动的顺利开展和持续发展。

2.提高教师自主性

在中国教师继续教育体系中,应更加注重教师的主体地位和自主选择权。可以借鉴芬兰的经验,为教师提供多样化的继续教育活动供其选择,以满足不同教师的需求。同时,还应鼓励教师积极参与课程开发和教学活动设计等工作,以提升其参与的积极性和创造力。

3.丰富课程内容与形式

中国教师继续教育课程内容应更加丰富多样,涵盖学科知识的更新、教学方法的创新、教育心理学等多个方面。同时,还应探索多种学习形式供教师选择,提升教师的教学能力。

4.加强实践应用与反思提升

在中国教师继续教育中,应更加注重将理论知识与实践应用相结合。可以组织教师参观优秀学校、参加教学观摩等活动,让教师在实践中学习和借鉴他人的经验。同时,还应鼓励教师进行自我反思和持续改进,不断提升自己的教学水平和专业素养。

5. 推动国际合作与交流

中国应积极参与国际教育合作与交流项目，学习借鉴其他国家先进的教师继续教育经验。可以邀请国外教育专家和学者来华讲学或开展培训工作坊等活动；同时，也可以组织中国教师赴国外访问学习或参加国际教育会议等活动。通过这种国际合作与交流的方式，可以拓宽教师的国际视野和知识面，提升其国际竞争力。

参考文献

[1]曲铁华.教师教育研究新视界[M].长春:东北师范大学出版社,2019.

[2]王晞.新时代职业教育教师队伍专业化建设与发展[M].北京:北京理工大学出版社,2019.

[3]高菊华,卫陆英,杨利.教育信息化背景下中年教师的专业再发展[M].长春:东北师范大学出版社2021.

[4]刘璇璇.体系化教学与专业化发展——开放教育教师队伍建设[M].北京:国家开放大学出版社,2024.

[5]胡军.专业化背景下教师继续教育的理论与实践研究[M].沈阳:辽宁大学出版社,2020.

[6]姜成文.教师专业成长的多元化路径[M].北京:光明日报出版社,2022.

[7]张慧军.教育信息化背景下教师专业发展理论与实践[M].西安:陕西人民教育出版社,2020.

[8]杨泉良,许占权.教师从业要求与继续教育[M].武汉:武汉大学出版社,2017.

[9]俞婷婕.教师教育学研究[M].杭州:浙江大学出版社,2019.

[10]黄翠华.现代教师教育体系构建探究[M].北京:中国书籍出版社,2020.

[11]刘旭.高校教师教育教学技能[M].长沙:湖南师范大学出版社,2021.

[12]夏立新,何静,吴军其.新时期教师教育改革发展:理论与实践[M].武汉:华中师范大学出版社,2020.

[13]艾小平.基于高师院校教师教育实践的“四元多维”模式研究[M].武汉:华中师范大学出版社,2023.

[14]刘胡权.在职教师教育的理论建构与实践探索[M].北京:中国发展出版社,2021.

图书在版编目（CIP）数据

专业化背景下教师继续教育实践研究 / 孙潇著 .
湘潭 ： 湘潭大学出版社， 2025. 2. -- ISBN 978-7-5687-1726-7
Ⅰ . G451.2
中国国家版本馆 CIP 数据核字第 2025AS5808 号

专业化背景下教师继续教育实践研究

ZHUANYEHUA BEIJING XIA JIAOSHI JIXUJIAOYU SHIJIAN YANJIU

孙潇 著

策划编辑：渠珊珊
责任编辑：渠珊珊
封面设计：夏茜旸
出版发行：湘潭大学出版社
社　　址：湖南省湘潭大学工程训练大楼
电　　话：0731-58298960 0731-58298966（传真）
邮　　编：411105
网　　址：http://press.xtu.edu.cn/
印　　刷：长沙鸿和印务有限公司
经　　销：湖南省新华书店
开　　本：787 mm×1092 mm 1/16
印　　张：8.75
字　　数：152 千字
版　　次：2025 年 2 月第 1 版
印　　次：2025 年 2 月第 1 次印刷
书　　号：ISBN 978-7-5687-1726-7
定　　价：43.80 元